謎解きの英文法
冠詞と名詞

久野暲・高見健一 著
Susumu Kuno　Ken-ichi Takami

each
every　a
the
any　a few
some
several

くろしお出版

はしがき

　英語や英文法を勉強したとき、「これはなぜなんだろう？」と思ったことはないでしょうか。また、英語を日本語と比べて、不思議に思うことがなかったでしょうか。たとえば、私たちは「お金」をいつも数えているのに、なぜ money は「数えられない名詞」で、a がつかず、複数形にもならないのでしょうか。John sees *every* visitor と John sees *any* visitor では、every と any の間に違いがあるのでしょうか。Mr. Smith is our English teacher と Our English teacher is Mr. Smith は、同じことを言っているのでしょうか、それとも意味が違うのでしょうか。

　英語の勉強が進むと、それまでに習ったことが、実は間違っていたことに気がつくこともあります。たとえば、「ギターを弾く」は、play *the* guitar と言い、楽器には the をつけると中学、高校で習いました。しかし、the がつかず、Lonnie played *guitar* and his daddy and brother played *violin*（実際の例）のように言うこともできます。ネイティヴ・スピーカーは、冠詞をどのように区別して使っているのでしょうか。また、日本語では、何人かがレストランで注文をするのに、「僕はウナギだ」のような言い方をします。一方、英語では、そんな「非論理的」な言い方はしないとこれまでよく言われてきました。しかし、英語でも "I am the hamburger" のような表現は用いられます。どのような場合にこのような表現が使われるのでしょうか。

　この本は、上のような、英語の冠詞と名詞にかかわるさまざまな「謎」を解き明かそうとしたものです。英文法で不思議に思われること、これまで教わってきたことが実は間違っているというような現象を取り上げ、ネイティヴ・スピーカーが実際

にどのように冠詞や名詞を用いているのかを明らかにしようとしたものです。そのためにこの本では、適格な表現と不適格な表現を比べ、その裏に潜んでいる規則を浮きぼりにします。また、英語の表現を日本語と比べながら、言葉のもつ「不思議さ」と「面白さ」にも迫りたいと思います。推理の謎を解くように、この本で言葉の謎を解く楽しみを味わっていただければ幸いです。

本書は10章からなり、第1章、第2章は、名詞にa(n)をつける場合とつけない場合をネイティヴ・スピーカーがどのように区別しているか、theをどのように用いているかを明らかにします。第3章と第6章では、単数名詞と複数名詞の使用について、それらの名詞が目的語の位置と主語の位置に現われる場合でどのような違いがあるかを考えます。第4章では、a few, several, someの違いについて考え、これまで言われてきた事柄に間違いがあることを明らかにします。また第5章では、any, every, eachの意味の違いについて考えます。第7章では、疑問代名詞whoの不思議な特徴について、さまざまな角度からその「謎」を解き明かします。第8章では関係代名詞を取り上げ、先行詞が人の場合でも関係代名詞にwhichが用いられる場合があることを示し、それがなぜなのかを明らかにします。第9章では、日本語の「僕はウナギだ」というような表現と英語の "I am the hamburger" のような表現を比べ、これらの表現がどのようにしてできるのかを考えます。そして同時に、そのような表現が、どのような状況で、どのように用いられるのかも考えます。第10章では、there構文の意味上の主語にどのような名詞句が用いられるかを明らかにします。中学や高校で、意味上の主語には、何を指すのか特定されていない語句、つまりa book, some booksなどの名詞句やinteresting booksのような冠詞のつかない複数形

名詞句しか用いられないと教えられますが、これは実は間違いであることを示し、なぜこのような間違いが生じるのかも考えます。

　本書を通していろんな種類の名詞が現われますが、本書の最後でそれらを表の形でまとめ、簡単な説明と具体例を示していますので、参考にして下さい。また、本書で触れたことに関連して、4つのコラムを設けて説明をしていますので、参考にしてもらえれば幸いです。

　この本を書くにあたり、多くの方々にお世話になりました。特に Karen Courtenay, Nan Decker のお二人からは、本書の多くの英語表現に関して有益な指摘をたくさんいただきました。また、第9章を書くにあたり、日本語の「ウナギだ」、「僕はウナギだ」に相当する英語の表現についての Frances Millican の研究レポートが大変参考になりました。さらに、くろしお出版の岡野秀夫氏には、本書の原稿を何度も通読していただき、さまざまな有益な助言をいただきました。ここに記して感謝します。

2004 年　早春　　　　　著　者

目　次

はしがき　*i*

第1章　冠詞は何を意味するか？（1）　*1*
a(n) がつく場合、つかない場合

◇ an eel と eel　*1*
◇ 不定冠詞 a(n) と無冠詞　*2*
◇ 抽象名詞の場合　*8*
◇ 物質名詞／集合名詞　*10*
◇ まとめ　*12*

コラム①　ポトラック（potluck）の語源は何？　*13*

第2章　冠詞は何を意味するか？（2）　*15*
the について

◇ 定冠詞 the は「その」？　*15*
◇ the の意味　*16*
◇ the の限定化の2つの場合―特定化と総称化　*18*
◇ a と the の総称的用法　*24*
◇ まとめ　*26*

第3章　単数名詞と複数名詞 (1)　27
目的語の位置の名詞句

◇ 単数名詞と複数名詞の意味の違い　27
◇ a(n) が one で置き換えられるか？　29
◇ I like a guy はどうして適格か？　32
◇ I ate an apple も正しい文　32
◇ まとめ　35

第4章　a Few, Several と Some　37

◇ a few は「2、3の」、several は「5、6の」か？　37
◇ a few と several　38
◇ Some　44

第5章　Any, Every と Each　47

◇ Any の2つの用法　47
◇ Any と Every　48
◇ Every と Each　56

コラム②　数量詞のさらなる違い　64

第6章　単数名詞と複数名詞 (2)　67
主語の位置の名詞句

◇ a(n) が any で置き換えられるか？　67
◇ 主語位置の特殊性　74

第7章　疑問代名詞 Who の不思議な特徴　*77*

◇ Who がとる動詞は単数形？複数形？　*77*
◇ "Who are these people?" は間違いか？　*78*
◇ 複数名詞を要求する動詞　*81*
◇ 疑問代名詞と and　*89*
◇ 問い返し疑問文の特殊性　*89*
◇ 問い返し疑問文の中の who と動詞　*92*
◇ Who か Whom か？　*94*
◇ Who with（＝「誰と」）は可能か？　*96*
◇ 「疑問詞＋前置詞」パターンのさらなる例　*98*

コラム③　英語と日本語では語順が逆　*102*

第8章　A Blonde, Who... か A Blonde, Which... か？　*107*

◇ 先行詞が人間なのに which ？　*107*
◇ 総称名詞、特定名詞と不特定名詞　*109*
◇ 属性名詞　*113*
◇ A Blonde, Who と A Blonde, Which　*118*
◇ What は「人間」でも指せる？　*122*

第9章 「僕はウナギだ」と "I am the Hamburger" *129*

◇ 英語と日本語の分裂文　*129*
◇ 疑問詞疑問文に対する答え　*133*
◇「僕はウナギだ」　*138*
◇ "I am the Hamburger"　*141*

コラム④　Submarine sandwich って何？　*145*

第10章 There 構文の意味上の主語 *149*
本当に「不特定の名詞句」しか用いられないか？

◇ ２種類の主語　*149*
◇「意味上の主語」は不特定の名詞句だけ？　*150*
◇ there の２つの用法　*153*
◇ 定名詞句も現われる　*157*
◇ 意味上の主語は「新情報」　*158*
◇ the がつく意味上の主語　*169*

名詞のまとめ　*173*
付記・参考文献　*177*

［本文中の例文において、文頭に付されたマークが表わす意味］
- *　　不適格文
- ??　　かなり不自然な文
- ?　　やや不自然な文
- √　　無印と同様に適格文

第1章

冠詞は何を意味するか？（1）
── a(n) がつく場合、つかない場合──

◇ an eel と eel

　アメリカでは、パーティーの出席者が、各自料理を持ち寄るポトラック・パーティーがよく行なわれます（potluck に関しては、コラム①を参照）。そんなパーティーが、アメリカの大学のある学科の秋学期終了の際に行なわれた時のことでした。その学科はアメリカ人だけでなく、ヨーロッパやアジアからの留学生や客員研究員も多く、持ち寄られた料理の中に一口サイズに切られたウナギのかば焼きがありました。パーティーが始まり、数々の料理を自分の皿に取り始めた人たちの中で、アメリカ人の学生が、そのウナギのかば焼きを見て "What's this? Is this eel? It looks like snake." と言いました。すると、すでにそのかば焼きを自分の皿に取って、別の料理を皿に入れようとしていた日本人が、その質問に答えて、"Oh, it's *an* eel. It's delicious." と言いました。しかし、不定冠詞の an をつけて "an eel" と言うと、頭からしっぽまである 1 匹のウナギです。ただでさえウナギを食べる習慣のないアメリカ人が、「それは an eel です」と言われると、さぞ驚いたことでしょう。私がそのアメリカ人の学生の顔を見ると、彼は一瞬びっくりした様子で、その「美味しそうな」ウナギのかば焼きには手をつけず、次の料理へと移って行きました。

(1)　a. It's *an eel*.　　　　　　b. It's *eel*.

冠詞を正しく用いることは、私たち日本人にとって最も難しいことの1つだと言われています。ネイティヴ・スピーカーは、冠詞の有無をいったいどのように区別しているのでしょうか。

◈ 不定冠詞 a(n) と無冠詞

まず、次の例を見てみましょう。

(2)　a. I had *an egg* this morning.
　　 b. You have *egg* on your chin.
(3)　a. *An apple* a day keeps the doctor away.
　　 b. There's lettuce, cucumber, *apple*, carrot and mushroom in this salad.
(4)　a. What you caught is *a salmon*.
　　 b. What you're eating is *salmon*, not *tuna*.
(5)　a. Look! There's *a chicken* over there.
　　 b. I like *chicken* better than pork.
(6)　a. March comes in like *a lion* and goes out like *a lamb*.
　　 b. Have you ever eaten *lamb*?

(2a) は、話し手が今朝卵を1個食べたという意味ですが、(2b) は、聞き手のあごに、卵の食べかすが少しついているという意味です。(3a) は、「1日に1個りんごを食べれば医者は要らない」

という諺ですが、(3b) は、サラダに（切った）レタス、きゅうり、りんご、人参、きのこが入っているという意味です。また (4a) では、聞き手が捕まえたのが1匹の鮭ですが、(4b) では、聞き手が食べているのが、（切り身の）マグロではなく鮭であるという意味です。同様に、(5a) は、あそこに1羽のニワトリがいるのを見てごらんという意味ですが、(5b) は、話し手が豚肉より鶏肉の方が好きだという意味です。(6a) は、「3月はライオンのごとくあばれ来たり、子羊のごとく過ぎ行く」という、3月の天候を述べた諺ですが、a lamb は1匹の子羊を意味します。一方、(6b) は、「子羊の肉を食べたことがありますか？」という意味で、lamb は「子羊の肉」です。

以上の例から、不定冠詞の a(n) 〜は、明確な形をもつ単一の個体を表わし、冠詞のつかない名詞は、個体としての明確な形や境界をもたず、「単一体」ではなく「連続体」を表わすことが分かります。

このように考えると、たとえば、ロブスター（アメリカ、ニューイングランド地方特産のウミザリガニ）を食べるためにゆでたり、蒸したりしても、まだそのままの形が保たれていれば、それは a lobster と呼ばれますが、もはや全体の形がなくなり、たとえば、その身がほぐされて野菜と一緒にロールパンにはさんであるような場合（ロブスター・ロールと呼ばれます）は、lobster と言います。

(7)　a. This is *a lobster*.　　　b. This is *lobster*.

それでは、鳥の丸焼きを見て、それが何であるかを言う場合はどうでしょうか。アメリカでは、チキンだけでなく、七面鳥やアヒル、ガチョウなども丸ごと売られていて、そのままオーブンで焼き、切り分けて食べます。このような場合、一般的に言って、まだ全体の形が残っていれば、a をつける人が多く、切り分けられた肉の場合には、もはや a をつけません。

(8)　a. This is *a turkey*.　　　　　　b. This is *turkey*.

　それでは、ロースト・チキンやロブスターを食べる場合はどうでしょうか。次の文を比べてみましょう。

(9)　a. Our family had *a roast chicken* last night.
　　 b. Our family had *roast chicken* last night.
(10) a. I had *a lobster* at Legal Sea Foods yesterday.
　　 b. I had *lobster* at Legal Sea Foods yesterday.

話し手とその家族が昨晩、チキンの丸焼きをひとつ食べたとして、そのことを述べる場合、(9a) と (9b) のどちらが用いられるでしょうか。多くの話し手は、この場合、a のつかない (9b) の roast chicken を用いますが、(9a) の a roast chicken を用いる話し手もいます。Roast chicken の方が用いられやすいのは、家族が食べたのが、1 匹のチキン全体ではなく、食べ物として焼かれた肉の部分であり、1 つの明確な形をもつものとしては意識されて

いないためです。

(11)　　Our family had *roast chicken* last night. (=9b)

　同様に (10a, b) で、話し手が昨日リーガル・シーフーズというレストランで (7a) の図にあるような1匹のロブスターを食べた場合、話し手の多くは、a のつかない (10b) の lobster を用います。なぜなら、ロブスターを1匹食べたと言っても、実際に食べたのは、ロブスター全体ではなく、その身の部分で、ロブスターの外部を覆う固い殻、甲羅は食べません。つまり、食べた部分は、ロブスターとしての明確な形をもつものとしては意識されていないので、a lobster ではなく、lobster が用いられるのです。もし (10a) の a lobster を使うと、ロブスターの全体を食べたという点が強調され、明確な形をもつロブスターが意識されます。そのため、若干、こっけいな感じがするとあるネイティヴ・スピーカーは話してくれました。

　そのまさにこっけいなシーンを描いた実例があります。次の文章を見てみましょう。

(12)　　Janet and Mike were really generous; they treated us to an elaborate dinner. I *had a boiled lobster*... I'd never had my food look at me before I was going to eat it ... It was quite intimidating. However, food is food, and eventually I figured out how to eat *the little guy*.

(レストランのシーン)「ジャネットとマイクは、とても気前がよく、私たちにすごい御馳走(ごちそう)をしてくれました。私は、ゆでたロブスターを丸ごと御馳走になりましたが、私はそれまで自分が食べようとする物が、自分をじっとにらんでいるなんてことは経験したことがありませんでしたので、本当にゾッとしました。それでも、食べ物は食べ物と割り切ったので、やっと目の前のロブスターをどうやって食べたらいいのか分かりました。」

　上に引用したパラグラフの筆者が、通例の I had boiled lobster ではなくて、a をつけて、I had *a* boiled lobster と書いた理由は、最初、皿の上にのって出てきたロブスターを食べ物としてではなく、あたかも自分をにらみつけている生き物であるかのように意識したからでしょう。その点は、筆者が皿の上にのっているロブスターをパラグラフの最後で "the little guy"(「その小さな

ヤツ」）と呼んでいることからもうかがえます。

　以上の点が明らかになると、次の例も容易に説明できます。

(13) a. You have *a hair* on your collar. I will take it off.
（1本の髪の毛）
b. She has beautiful blonde *hair*.（毛髪）
(14) a. I want *a room* of my own.（部屋）
b. Is there *room* for me in the car?（空間、場所）
(15) a. She handed me *a glass*.（コップ、グラス）
b. This bowl is made of *glass*.（ガラス）

(13a) の a hair は、明確な形をもつ1本の髪の毛ですが、(13b) の hair は、髪の毛1本ずつの明確な形や境界がなくなり、それらが集まって連続体をなす毛髪です。同様に、(14a) の a room は、壁やドアで仕切られて明確な形をもつ1つの「部屋」ですが、(14b) の room は、そのような仕切りのない、連続体をなす「空間、場所」を意味します。また、(15a) の a glass は、明確な形をもつ1つの「コップ、グラス」ですが、(15b) の glass は、明確な形や境界をもたない材料としての「ガラス」です。

　ある物が単一の個体としては認識されず、むしろそれがどのような働きをしているか（たとえば、材料、手段、目的など）に焦点が当てられると、(15b) の glass のように冠詞がつきません。この点は次のような例の違いにも見られます。

(16) a. *A bus* is coming.
b. I'll go by *bus*, not by *taxi*.
(17) a. Could you lend me *a pencil*?
b. Don't write it in *pencil*; write it in ink.

(18) a. There is *a school* at the foot of the mountain.

　　b. I go to *school* with my sister.

　　c. Let's play tennis after *school*.

(19) a. Mother bought me *a bed* for my room.

　　b. What time do you usually go to *bed*?

(20) a. You should learn *a foreign language*.

　　b. *Language* is a means of communication.

(16a) の a bus は、明確な形をもつ 1 台のバスですが、(16b) の bus（や taxi）は、交通手段としてのバス（やタクシー）で、明確な形や境界は意識されていません。同様に、(17a) の a pencil は、明確な形をもつ 1 本の鉛筆ですが、(17b) の pencil は、インクと同様に連続体としてとらえられた材料としての鉛筆、黒鉛です。(18a) の a school は、明確な形をもつ「学校の校舎、建物」ですが、(18b, c) の school は、学校で行なわれる連続体としての「授業、教育」を表わし、単一の個体ではなく、連続体です。また、(19a) の a bed は、1 つの個体としてのベッドですが、(19b) の bed は、そこで眠ったり休んだりすることを表わし、個体としてのベッドではなく、眠るという事象で、連続体です。さらに、(20a) の a (foreign) language は、スペイン語、アラビア語というような 1 つの具体的な言語です。一方、(20b) の language は、そのように個別的にとらえられた言語ではなく、人間が意志疎通などの手段として用いる言語一般を表わします。その点で、language は、個々の言語とは異なり、連続体をなす抽象的な「言語というもの」を表わしています。

◈ 抽象名詞の場合

　これまでの考察は、次のような抽象名詞が用いられた例文の

冠詞の有無も説明できます。

(21) a. The doctors encountered *a slight difficulty* during the operation.
「医師たちは、手術中にちょっとした困難な出来事に遭遇(そうぐう)した。」
b. We always have to overcome *difficulty*.
(22) a. I will make *a speech* this afternoon.
b. *Speech* is silver, silence is golden.
(23) a. I made *an important revision* in your paper.
b. Your paper needs radical *revision*.
(24) a. I had *a pleasant experience*.
b. *Experience* is the best teacher.

(21a) の a (slight) difficulty は、1つの（ちょっとした）「困難な出来事」ですが、(21b) の difficulty は、具体的な形をもたない、連続体、抽象物としての「困難、苦境」です。(22a) の a speech は、1つの明確な内容をもつ「話、スピーチ」ですが、(22b) の speech は、そのような明確な形をもたず、連続体としての「話すこと」という意味です。同様に、(23a) の an (important) revision は、具体的な1つの（重要な）「修正」ですが、(23b) の revision は、そのような具体的な個々の修正ではなく、より一般的で連続体をなす「修正すること」を意味します。また (24a) の a (pleasant) experience は、1つの「経験した（楽しい）事柄、体験」ですが、(24b) の experience は、「経験は最良の師」という諺から分かるように、ある特定の経験ではなく、さまざまな事柄を「経験すること」という抽象物です。そして、これらの例から分かるように、抽象名詞が、そのまま「抽象的」な意味で、

明確な形をもたない連続体を表わす場合は冠詞を伴わず、個々の具体的な事例を表わす場合は冠詞を伴います。

◇ 物質名詞／集合名詞

物質名詞や集合名詞と呼ばれる名詞の場合はどうでしょうか。次の例を見てみましょう。

(25) a. I save *money* every month.
　　 b. I need *a ten-dollar bill* and *three quarters*.
(26) a. I bought nice *furniture*.
　　 b. I bought *a chair* and *a couch*.
(27) a. They keep *cattle*.
　　 b. They keep *four cows* and *three bulls*.

中学や高校では、(25a) の money は、water, air, smoke などと同様に「数えられない名詞」（不可算名詞）であり、そのため a がつかず、複数形にもならないと教えられます。しかし考えてみると、私たち人間はさまざまな物を数えますが、お金ほど数えるものはありません。それなのに、お金が数えられない名詞だと言われると不思議に思います。なぜ、money は数えられない名詞なのでしょうか。まず、a hair − hair の対比を思い出して下さい。1本の髪の毛を表わす場合が a hair で、髪の毛が何本も集まって1つの連続体をなす毛髪が hair でした。「お金」の場合は、紙幣や硬貨は明確な形をもつ単一の個体なので、(25b) の *a ten-dollar bill*（「1枚の10ドル紙幣」）、*three* quarters（「3枚の25セント硬貨」）のように a がつき、複数形にもなります。しかし、これらの紙幣や硬貨がたくさん集まり、1つ1つの明確な形や境界がなくなって連続体をなすと、英語では、money という単語が用

いられます。そのため money には a がつかず、複数形にもならず、「数えられない」名詞として用いられるわけです。

　同様のことが、furniture, cattle にも言えます。「いす」、「長いす」、「テーブル」などは、明確な形をもつ単一の個体なので、(26b) の a chair, a couch のように a がつき、複数形にもなります。しかし、これらが集まって1つの集合体、連続体をなすと、furniture (「家具」) と呼ばれます。そのため (26a) のように、furniture には a がつかず、複数形にもなりません。また、「牛」は明確な形をもつ単一の個体なので、(27b) の cows, bulls のように複数形になり、a もつきます。しかし、これらが集まって集合体、連続体をなすと、cattle (「家畜 (の牛)」) と呼ばれます。したがって (27a) のように、cattle には a がつかず、複数形にもなりません。つまり、money, furniture, cattle のような名詞は、個々の成員がたくさん集まった結果、それぞれの成員の境界が不明確になり、1つの連続体としてとらえられるために、無冠詞で用いられるわけです。

　(1)-(24) で見てきた名詞の場合は、1つの (同一の) 名詞が、明確な形をもつ単一の個体を表わす場合にも、明確な形をもたない連続体を表わす場合にも用いられました (たとえば、a chicken – chicken を参照)。一方、(25)-(27) で見た名詞の場合は、a bill/a quarter – money のように、明確な形をもつ単一の個体を表わす場合と、明確な形をもたない連続体を表わす場合で、異なる名詞が用いられています。この後者のように、2つの場合で異なる名詞が用いられる例として、さらに次のようなものがあります。

(28)　a.　a poem – poetry (「一編の詩」と「詩歌」)
　　　b.　a tree – timber (「一本の木」と「材木、および材木用

の森林地」）
  c. a raindrop － rain（「雨だれ」と「雨、降雨」）
  d. a laugh － laughter（「ひと笑い」と「笑い」）
  e. a job － work（「ひと仕事」と「労働、作業」）
  f. a suitcase － baggage (luggage)（「スーツケース」と「手荷物」）
  g. a machine － machinery（「機械製品ひとつ」と「機械」）

◇ まとめ

　以上の考察から、名詞に不定冠詞の a(n) がつく場合とつかない場合の意味の違いを次のようにまとめることができます（a(n) がつかない無冠詞（ゼロ冠詞）をφと表記します）。

---仮説---
a. a(n) 〜：明確な形をもつ単一の個体を表わす。
b. φ〜　　：個体としての明確な形や境界をもたず、単一体ではなく連続体を表わす。

　この仮説から、名詞が指し示すものを話し手が単一の個体としてとらえるか、あるいは明確な形をもたない連続体としてとらえるかが、a(n) 〜とφ〜の違いであると言えます。

コラム①：ポトラック（potluck）の語源は何？

Potluck には意味が2つあります。1つは、お客に対して特別な準備をせず、ありあわせで出す料理のことで、書かれたものをたどると、16世紀頃から使われていたようです。お客にとっては特別な料理ではないにしても、御馳走になるわけですから、「深なべ」（pot）に残っているかも知れない「幸運」（luck）が期待できるわけです。ここから potluck という単語ができたようで、次のように用いられます。

(1) It's getting late. Would you like to stay for dinner? You'll have to *take potluck*.
「遅くなったので、夕食を食べていったらどう？ありあわせの料理しかありませんが。」

もう1つの意味は、第1章で触れたように、お客が各自、料理を持ち寄る食事や会食のことです。面白いことに、あるネイティヴ・スピーカーは、「ポトラック・パーティー」のように、「パーティー」をつけた表現は、たまに見かけるものの、あまり一般的ではなく、potluck supper, potluck dinner, potluck lunch, potluck feast（feast =「お祝い／ごちそう」）のように言うか、単に potluck と言うのが普通だと言います。また、ある地域では、covered-dish supper（「料理持ち寄りの会食」）という表現が使われるそうです。（家で準備した料理を皿や器に盛って、プラスチックやアルミフォイルで覆って持ち寄るため、covered-dish と呼ばれています。）

(2) Please bring something to share for a *potluck lunch.*
「料理持ち寄りの昼食会に、みんなで食べられるものを何か持って来て下さい。」
(3) What are you bringing to our *potluck*?
「料理持ち寄りの会食に何を持って来ますか？」

　この２つ目の意味、つまり、「めいめいが料理を持ち寄る会食」という意味の語源は何でしょうか。一説によると、チヌーク族（コロンビア川沿岸に住んでいた北米先住民）の言語、チヌーク語にある単語、potlatch（ポトラッチ）、つまり、「北米北西岸の先住民、特にクワキウトル族の間で、富や権力の誇示として行なう冬の祭礼時の贈り物分配行事」に由来すると言われています。この説は、potluck と potlatch の発音が極めて類似していることに基づくものと考えられます。しかし、potluck は、各自が料理を持ち寄るのに対して、potlatch は、ホストがすべて料理をお客に出すという点で意味が違います。さらに、ヨーロッパ人が北米北西岸の先住民に最初に出会ったのは 1805 年であるとされていますが、potluck という単語は、ずっとそれ以前からありました（おそらく、「来客に出すありあわせの料理」という意味で）。したがって、この説はどうも疑わしいようですが、正確な語源はまだ分かっていないようです。

第2章

冠詞は何を意味するか？（2）

―― the について――

◇ 定冠詞 the は「その」？

　中学で英語を習い始めると、a(n) は「ある１つの」という意味で、the は「その」という意味だと一般に教えられます。たとえば、ある中学校英語教科書では、the が次のように導入されています。

(1)　I have *a* judo uniform. This is *the* uniform.

(1) は、「私は柔道着を（１着）持っており、これが<u>その</u>柔道着です」という意味なので、the が「その」という意味に対応しています。

　しかし、the が「その」という意味だとすると、さまざまな問題が生じることに誰もがすぐに気がつきます。たとえば次の文を見てみましょう。

(2)　a. He can play *the* guitar well.
　　 b. *The* sun rises in *the* east.

(2a, b) の *the* guitar, *the* sun, *the* east は、「<u>その</u>ギター」、「<u>その</u>太陽」、「<u>その</u>東」ではなく、単に「ギター」、「太陽」、「東」であることは誰にも明らかです。The はいったいどのように使われて

いるのでしょうか。そして、どのような意味を表わすのでしょうか。

◇ the の意味

まず次の文を見てみましょう。

(3) a. John bought a jacket and *a tie*, but he returned *the tie* soon.
   b. They served *chicken* and *pork*, and I found *the chicken* much better than *the pork*.

(3a) では、ジョンがジャケットとネクタイを買ったが、そのネクタイはすぐに返したと言っており、(3b) では、鶏肉と豚肉が出たが、話し手は鶏肉の方が豚肉よりおいしかったと言っています。これらの例から、the が名詞につくと、言及されているものが、話し手と聞き手の間で限定され、明確にされて、他のものから区別されていることが分かります。言い換えれば、名詞に the がつくと、その指示対象がどれであるか聞き手に理解され、同定 (identify) され得るものになります。

(3a, b) では、それぞれの第 1 文で a tie や chicken, pork がまず導入され、それらが第 2 文で限定され、明確にされて the tie, the chicken, the pork となっています。しかし、the による限定化は、このような場合だけではありません。次の例を見てみましょう。

(4) a. *The wines* of France are among the best in the world.
   b. *The boys* playing over there are my classmates.
(5) a. I bought a book, but some of *the pages* were torn.
   b. I got on a bus, but *the driver* was drunk, so I got off at the next stop.

(4a) では、ワインが「フランスの」(of France) で限定され、他の国のワインと区別されているため、wines に the がついています。また (4b) では、少年たちが「むこうで遊んでいる」(playing over there) で限定され、話し手と聞き手が見ている少年たちなので、boys に the がついています。さらに (5a, b) では、本にはページがあり、バスには運転手がいるという社会常識から、聞き手は (5a) の the pages が、話し手が買った本のページであり、(5b) の the driver が、話し手が乗ったバスの運転手であることが理解できます。つまり、ページや運転手が限定され了解されているので、the がついています。

The のこのような限定化の機能は、さらに次の例においても見られます。

(6) a. Open *the windows*, please! It's so hot in here.
    b. Everyone knows that *the earth* goes around *the sun*.
    c. *The Prime Minister* is to visit China next month.

(6a) の the windows は、話し手と聞き手がいる部屋の窓であり、話し手と聞き手がいる状況からどの窓かが限定されています。(6b) では、地球や太陽が1つしかなく、聞き手はそれらの指示対象を容易に理解できます。また (6c) の the Prime Minister は、世界で何人もいる首相のうち、ある特定の首相であり、それが誰であるかは、文脈および話し手と聞き手の社会知識から了解されています。

以上の考察から、the 〜の意味は次のようにまとめられます。

―― 仮説1 ――
the 〜：他のものから区別され、限定されて、聞き手がその指

　　　　　示対象を理解できるものを表わす。

◈ the の限定化の２つの場合－特定化と総称化

　あるものが the によって限定される場合、２つの場合があります。まず、次の例を見て下さい。

(7)　a. *The summer* of last year was very hot.
　　　b. In *the summer* I take a vacation and go to Hawaii.

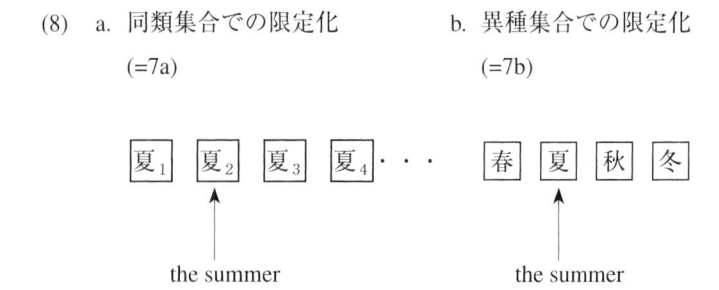

(8)　a. 同類集合での限定化　　　　b. 異種集合での限定化
　　　　(=7a)　　　　　　　　　　　(=7b)

　夏₁　夏₂　夏₃　夏₄ ・・・　　　　春　夏　秋　冬
　　　　↑　　　　　　　　　　　　　　　↑
　　　the summer　　　　　　　　　　the summer

(7a) の summer は、of last year によって「去年の夏」と限定されているので、the がついています ((4a) 参照)。つまり、数ある夏のうち、どの夏かというと、「去年の夏」と限定されています。そのため、(8a) の図で示したように、同類のメンバーによって構成される集合の中で、ある１つのメンバー（つまり、「去年の夏」）が他のメンバー（つまり、数ある他の夏）から限定されているので、「同類集合での限定化」であると言えます。これに対し (7b) の the summer は、数ある夏の中で「その年の夏」というような限定を行なっているわけではありません。１年を構成する４つの季節、春、夏、秋、冬のうちで、（春、秋、冬ではなく）「夏」という季節を限定し、他の季節と区別しています。そ

のため、(8b) の図で示したように、異種のメンバーによって構成される集合の中で、ある1つのメンバー（つまり、「夏」）が他のメンバー（つまり、「春」、「秋」、「冬」）から限定されているので、「異種集合での限定化」であると言えます。

同様に、次の例を見てみましょう。

(9) a. He died on *the evening* of October 13, 1990.
　　 b. I don't work in *the evening*; I just relax.

(10) a. 同類集合での限定化　　　b. 異種集合での限定化
　　　　 (=9a)　　　　　　　　　　　(=9b)

| 晩₁ | 晩₂ | 晩₃ | 晩₄ | ・・・ | 朝 | 昼 | 晩 |

　　the evening　　　　　　　　　the evening

(9a) の evening は、(10a) の図に示したように、数ある evenings のうち、「1990年10月13日の evening」と限定しているので、the がついています。つまり、(7a) の the summer と同様に、「同類集合での限定化」です。一方 (9b) の evening は、(10b) の図に示したように、一日を構成する朝（morning）、昼（afternoon）、晩（evening）のうちで、（朝や昼ではなく）「晩」という時間帯を限定しています。つまり、(7b) の the summer と同様に、「異種集合での限定化」です。

さらに次の例を見てみましょう。

(11) a. John bought a guitar and a banjo, but he gave *the guitar* to

Mary.

b. John plays *the guitar* well. (cf. 2a)

(12) a. 同類集合での限定化 　　　b. 異種集合での限定化
　　　　(=11a) 　　　　　　　　　　(=11b)

(11a) の the guitar は、(12a) の図に示したように、数あるギターのうち、「ジョンが買ったギター」と限定しているので、the がついています。つまり、(7a) の the summer, (9a) の the evening と同様に、「同類集合での限定化」です。一方 (11b) の the guitar は、(12b) の図に示したように、数ある楽器のうちで、(他の楽器ではなく)「ギター」であると限定しています。つまり、(7b) の the summer, (9b) の the evening と同様に、「異種集合での限定化」です。

　中学や高校では、一般に、(11b) や (2a) で見たように、「楽器を演奏する」という場合、楽器には the がつくと教えられます。これは、楽器が、ピアノ、バイオリン、フルート、チェロ、ドラム等々が1つになって、オーケストラを構成することからも分かるように、それぞれの楽器が、上で述べたように、他の楽器と対比的に、限定的に用いられているためです。しかし、楽

器に the がつかない場合もあります。これは、ちょうど、季節を述べるのに、(7b) とは異なり、次の (13a, b) のように the をつけずに用いることができるのと同じで、(14a, b) のような（実際に用いられた）例もあります。

(13) a. In *summer* I take a vacation and go to Hawaii. (cf. 7b)
  b. *Winter* is gone and *spring* is here.
(14) a. Lonnie played *guitar* and his daddy and brother played *violin*.（実例）
  b. Anyone who plays *piano* knows that is no great feat.（実例）
  「ピアノを弾く人は誰でも、それが大したことではないことを知っている。」

このような場合は、季節や楽器が、それぞれ他の季節や楽器と対比的には用いられていません。そして、(14a, b) のように楽器に the がつかない場合は、その楽器の弾き方を知っているとか、職業としてその楽器を演奏しているという意味になります。そしてこの点は、次のように、スポーツに the がつかないのと同様です。

(15) a. We play *soccer* after school every day.
  b. Playing *baseball* is fun.

個々のスポーツは、それぞれが独立したものと見なされ、あるスポーツが他のスポーツと対比的、限定的にはとらえられていません。よって、スポーツには the がつきません。

　楽器の場合、さらに興味深い点は、1つの楽器が話題となり、他の楽器から対比的、限定的に用いられない場合は、a がつくこ

ともあるという点です。次の実例を見てみましょう。

(16) a. Portrait of a Hippy Playing *a Guitar*
   b. This guitar would be great for students and beginners who would like to master the challenge of playing *a guitar* or if you are simply looking for a hobby.
   c. Playing *a guitar* will give you an instant reflection of either how well it is set up, or how out of whack it is.
   「ギターを弾くと、そのギターがどれぐらい調整されているか、あるいは、どれぐらい調子がずれているかがすぐに分かる。」

(16a) は、「ギターを弾いているヒッピーの肖像画」という意味から分かるように、ギターが他の楽器と対比されることなく、ギターそのものに焦点が当たっています。また (16b, c) でも、ギターが（他の楽器と対比されることなく）、話題として取り上げられ、ギターそのものに関して述べられています。このような場合は、その楽器に a がつきます。

　(14a, b) や (16a-c) のように、楽器に the も a もつかなかったり、a がついたりするという事実は、これまでの日本の英語教育では見過ごされていた点です。したがって、楽器の場合も、さまざまな冠詞の用い方があり、またそれぞれの場合で意味が違っているという点に注意を払わなければならないと思われます。

　これまでで、たとえば the summer につく the が、ある集合（つまり、「季節」）を構成する他のメンバー（つまり、「春、秋、冬」）から限定的に用いられていることを表わすという点を説明しましたが、このような場合は、ほかにも数多く見られます。たとえば、アメリカでは、レストラン等でメニューを見て、自

分の食べたい料理を注文する場合、もちろんメニューにはその料理に the がついていませんが、the をつけて、次のように言います。

(17) Waiter　：Are you ready to order?
　　 Customer: Yes, I'll have *the* salmon steak, please.

このような the の使用も、メニュー（という集合）を構成する料理名（メンバー）から、自分の食べたい料理を限定していると言えます。

　さて、the による2種類の限定化が分かると、両者に興味深い違いがあることに気づきます。(7), (9), (11) の (a) では、どの夏であったり、いつの晩であったり、どのギターであるかが定まっており、「特定的」（specific/particular）に用いられています。一方 (b) では、そのような特定化は行なわれていません。(b) の文がすべて現在形であることからも分かるように、(7b) では、話し手が夏に休暇をとってハワイに行くと言っているだけで、どの夏かは特定されていません。むしろ、どの年の夏もハワイに行くわけです。つまり、この「夏」は「総称的」（generic/ general）です。(9b) の the evening も同様で、話し手が夜は仕事をせずにくつろぐと言っているだけで、どの夜であるかは特定されていません。むしろどの夜もくつろぐわけです。(11b) の the guitar も同様で、「ジョンはギターがうまい」と言っているだけで、どのギターかが特定されているのではなく、ギターなら（どのギターでも）弾くのがうまいと言っており、総称的です。The のこのような総称的用法は、次のような例にも見られます。

(18) a. *The lion* is a dangerous animal.

b. *The bull terrier* makes an excellent watchdog.

(18a) は、「ライオンは危険な動物である」という意味で、(18b) は、「ブルテリア（ブルドッグとテリアの交配種）はとてもいい番犬になる」という意味です。さまざまな動物の中で「ライオン」や「ブルテリア」が限定されているので、lion, bull terrier に the がついています。そして、the lion, the bull terrier は、ライオン一般、ブルテリア一般を表わしているので、総称的です。

　このような総称的用法の the は、「ある典型的な例で表わされる種類」を指し示し、(18a) なら、たくさんいるライオンのうち、典型的なライオンを取り上げて、ライオンという動物は危険な動物であると言っています。また (18b) なら、たくさんいるブルテリアのうちから典型的なブルテリアを取り上げて、ブルテリアという犬はいい番犬になると言っています。その点で、取り上げられているライオンやブルテリアは、典型的ライオン、典型的ブルテリアであるため、なかば抽象的です。そのため、どのライオンも危険であるとか、どのブルテリアもいい番犬になるとは言っていません。

◈ a と the の総称的用法

　総称的用法は、the だけでなく、a にもあります。そのため、たとえば (18a) は次のようにも言えます。

(19) a. *A lion* is a dangerous animal.
　　 b. *Lions* are dangerous animals.

ただ、a(n) 〜が総称的に用いられるときは、ある種類の<u>１つの</u>メンバーを取り上げ、その１つのメンバーに対する記述がその種

類の成員全体にあてはまるという想定のもとで述べられています。よって、(19a) の a lion だと、ある任意の 1 頭のライオンを取り上げて、そのライオンが危険であるという記述から、「（どのライオンを取り上げても）ライオンは危険な動物である」と述べていることになります。そのため、any を用いた次の文と意味が近くなります。

(20) *Any lion* is a dangerous animal.

これに対し (19b) の lions だと、「多くの／たいていのライオンは危険な動物である」という意味になり、多くのライオンにあてはまる記述となります。

　総称的用法の the 〜, a(n) 〜, 〜 s に関して上記のような違いがあることから、次のような文では、a 〜がなぜ不適格になるかが理解できます。

(21) a.　*The tiger* is becoming almost extinct.
　　 b.　*A tiger is becoming almost extinct.
　　 c.　*Tigers* are becoming almost extinct.
(22) a.　*The beaver* is increasing in number.
　　 b.　*A beaver is increasing in number.
　　 c.　*Beavers* are increasing in number.

絶滅したり、数が増えているのは、トラやビーバー全体についての記述であり、任意の 1 頭のトラや 1 匹のビーバーについての記述ではありません。そのため、1 頭のトラや 1 匹のビーバーを示す a tiger や a beaver は用いることができず、トラやビーバーの典型や大多数を示す the tiger/the beaver, tigers/beavers のみ

が使用されることになります。

◇ まとめ

　第1章と本章のまとめとして、a(n) ～ , φ ～ , the ～ がそれぞれ表わす意味をもう一度見ておきましょう。

仮説まとめ

a. a(n) ～ ：明確な形をもつ単一の個体を表わす。
b. φ ～ 　：個体としての明確な形や境界をもたず、単一体ではなく、連続体を表わす。
c. the ～ ：他のものから区別され、限定されて、聞き手がその指示対象を理解できるものを表わす。

　話し手がある対象を単一体としてとらえるか連続体としてとらえるか、そしてその対象が他のものから区別され、聞き手に了解されるものとしてとらえるかどうかが、3つの冠詞の違いであると言えます。そしてこの点は、冠詞というものが、話し手と聞き手が、ある対象をどのように認知しているかという、まさに認知の反映であることを示しています。

第3章

単数名詞と複数名詞（1）
―目的語の位置の名詞句―

◇ 単数名詞と複数名詞の意味の違い

英語のテストで、次のような問題が出たとします。

(1) 下の英語のうちで、その上に示されている日本語の訳として正しいものには ○ 印、正しくないものには × 印をつけなさい。

A.（質問：何かペットを飼っていますか？）
私は子猫を飼っています。
I have a kitten.

B.（質問：何が欲しいのですか？）
私は子猫が欲しいのです。
I want a kitten.

C.（質問：あなたは果物のうちで何が好きですか？）
私はリンゴが好きです。
I like an apple.

D.（質問：あなたの趣味は何ですか？）
私は本を読みます。

I read a book.

正解は、(A, B) が○印、(C, D) が×印ですが、この事実を知っている中、高、大生はおそらくほとんどいないのではないでしょうか。(C, D) の日本語に対する正しい英語は、

(2) a. I like *apples*.
    b. I read *books*.

で、単数形の an apple, a book ではなく、複数形の apples, books となります。

どうして (C, D) で an apple, a book が用いられないかという疑問に答えるために、最初に次のような文脈を考えてみましょう。

(3) （質問：どんな車を運転していますか？）
    私はスポーツカーを運転しています。

    a. I drive *a sports car*.

    b. I drive *sports cars*.

(1C, D) の場合とは逆に、「私はスポーツカーを運転しています」に対応する英語の文には、(3a) の a sports car が使われます。(3b) のように sports cars と言うと、話し手が２台、あるいはそれ以上のスポーツカーを持っているか、あるいは、話し手がオートレーサーである、という意味合いになってしまいます。「私はスポーツカーを運転しています」と言う場合には、自家用のスポーツカーを普通は１台しか持っていない、という常識的な判断が働いて、その判断のもとでは、話し手が何度スポーツカーを運転しても、同じ１台のスポーツカーしか運転しないので、a sports car が使われ、sports cars は使われない、ということになります。

　このように考えると、(1D) で a book が不適当なのは、常識的に言って、私たちが趣味として本を習慣的に読む場合、１冊の本だけをずっと読むのではなく、何冊もの（複数の）本を読むからです。そのため、a book は不適切で、books が正しいということになります。したがって、ごく限られた状況で、話し手が習慣的に読む本が１冊しかないとすれば、(1D) が正しい英語ということになります。実際、もし (1D) の話し手が、「私はいつも同じ１冊の本（たとえば聖書）を読みます」と言いたいのであれば、(1D) が正しい英語で、(2b) は、話し手の意図を正確には伝えない英語ということになります。英語の話し手が、普通、(1D) が習慣的な行動を表わす文として正しくないと判断するのは、上のような特殊な状況が頭にすぐには浮かばないからでしょう。

◇ a(n) が one で置き換えられるか？

　上の観察から、次の仮説がたてられます。

仮説

動詞の目的語の位置に可算名詞（数えられる名詞）が現われる場合、「a(n)＋単数形名詞」が用いられるのは、a(n) が one で置き換えられるときのみである。

(1A, B) は、話し手が飼っていたり、欲しいのが、1匹の子猫なので、a kitten が one kitten で置き換えられます。そのため、(1A) と (1B) は正しい英語です。一方、(1C) と一般的な文脈での (1D) は、話し手が果物のうちで好きなのが、1個のリンゴではなく、また、話し手が趣味として読むのが1冊の本ではないので、an apple, a book が one apple, one book で置き換えられません。そのため、(1C) と (1D) は正しくない英語ということになります。この点を下に示しておきましょう。

(4) a. I have one kitten.
  b. I want one kitten.
  c. *I like one apple.
  d. *I read one book.（習慣的に同じ1冊の本を読むという意味なら適格）

同様に、上の仮説から、なぜ下の (a) 文が適格であるかも自動的に説明できます。

(5) a. I read a book every morning. (=I read one book every morning.)
  b. I read books every morning.

(6) a. I read a book yesterday. (=I read one book yesterday.)

b. I read books yesterday.

(7) a. I am reading a book now. (=I am reading one book now.)

b. I am reading books now.

(8) a. 　　I have just read a book. (=I have just read one book.)

b. ?/?? I have just read books.

("?/??" は、その文が「少しおかしい」あるいは「不自然」であることを表わします。)

上の文では、単数形の名詞が使われるか、複数形の名詞が使われるかによって、意味が違ってきます。(5a) は、毎朝1冊の本を読むという意味で、(5b) は、毎朝複数冊の本を読むという意味です。同様に、(6a) は、昨日1冊の本を読んだという意味で、(6b) は、昨日、2冊以上の本を読んだという意味です。同様に、(7a) は、話し手が今1冊の本を読んでいるという意味で、まったく自然な文ですし、(7b) も、話し手が今何かの調べごとで、同時に2冊以上の本を読んでいるという状況のもとでは、適格文です。(8a) は、「たった今（1冊の）本を読み終えた」というのが自然な状況なので、正しい英語です。しかし (8b) は、「たった今2冊あるいはそれ以上の本を（同時に）読み終えた」ということが起こりにくい出来事なので、特別な状況がなければ不自然です。

　上のように考えると、(1C) で an apple が不適格なのも、おのずと明らかになります。話し手が好きなのは、1個の限られたリンゴではなく、「好きだ」と感じるたびに違ったリンゴなので、「好きだ」の対象となるのは、複数のリンゴです。したがって、apples しか使えないということになります。

◈ I like a guy はどうして適格か？

　ここで注意しなければならないのは、(1C) の I like an apple が不適格だからと言って、like の目的語に単数名詞を使うと必ず不適格になる、というわけではないということです。たとえば、次の文を見てみましょう。

(9)　I like *a guy* but I don't know if I should tell him.（実例）
　　「わたし、1人の男性が好き。でもその人にそう言ったほうがいいか、言わないほうがいいか分からないわ。」

上の I like a guy はまったく問題のない文です。どうしてこの文が適格かというと、男性には1人1人名前があり、1人1人個性があって、世界に何十億人といる男性の中で、1人の特定の男性が話し手の愛の対象になっているというのは、普通に起きることで、何ら不思議なことではないからです。一方、リンゴは、種類別（たとえば、富士、ゴールデン・デリシャスなど）では名前がついていて、それぞれの特徴も違いますが、たとえば、スーパーで買ってきた6個入りのリンゴ（たとえば、富士）のパックの中で特定の1個が他の5個と違った味で、話し手が気に入っている、というような状況は考えられません。そのため、(9) [= I like a guy . . .] は適格、(1C) [= I like an apple] は不適格、という違いがでてくるわけです。

◈ I ate an apple も正しい文

　先に提示した仮説（p.30）は、次の文が共に適格であることも説明してくれます。

(10) a. I ate *an apple*.
   b. I ate *one apple*.

(1C) の *I like an apple は、話し手の一定不変の恒常的状態を表わす文で、「1つの特定のリンゴが好きだ」という状態が通常ありえないので、不適格と判断されます。しかし (10a) は、1回限りの過去の出来事を表わす文です。つまり、何をいくつ食べたかが問題となっているだけで、食べた特定のリンゴの特徴を他のリンゴと区別するものではありません。そのため、この文は適格となります。

(1C) と (10a) の文法的な違いは、(1C) が現在形の文で、(10) が過去形の文であることですが、過去形の文でも、習慣、慣習を表わす文では、目的語の位置に単数形名詞を使うことができません。

(11) a.   *I used to like *an apple*.
   b.   I used to like *apples*.
(12) a.   *I used to eat *an apple*.
   b.   I used to eat *apples*.

(11a), (12a) が不適格なのは、(1C) が不適格なのと同じ理由です。つまり、(11a), (12a) は、「以前はリンゴが好きだった」、「以前はよくリンゴを食べた」という習慣的状態、動作を表わす文ですから、話し手が好きだったリンゴは複数のリンゴだったはずですし、話し手が食べたリンゴも複数のリンゴだったはずです。そのため、単数名詞 an apple が用いられた (11a), (12a) は不適格です。

ここで注意したいのは、過去の習慣を表わす文でも、「1日に

1 個リンゴを食べていた」というような場合は、次のように an apple が用いられるという点です。

(13) a. I used to eat *an apple* a day. (cf. 12a)
　　 b. I used to eat *an apple* every day.

(13a, b) は、次のように an apple を one apple で置き換えられるので、正しいことが分かります。

(14) a. I used to eat *one apple* a day.
　　 b. I used to eat *one apple* every day.

　先に提示した仮説は、次の文の適格性、不適格性も説明できます。

(15) 文脈：野球のチームメンバー、補欠も含めて十数人
　　 a. ＊After the game, the team members ate *an apple*.
　　 b. After the game, the team members each ate *an apple*.
　　 c. After the game, the team members ate *apples*.
　　 d. After the game, the team members ate *a watermelon* that one of the parents brought in an icebox.

(15a) は、「試合のあとで、十数人のチームメンバーが 1 個のリンゴを分け合って食べた」ということが普通想像できないので、不適格と判断されます。一方、(15b) は、each があることから分かるように、「チームメンバーの 1 人 1 人が、1 個のリンゴを食べた」ということが普通にある状況なので、適格と判断されます。(15c) は、2 人で 1 個のリンゴを分け合って食べたのか、1

人1個ずつ食べたのか、1人で何個も食べたのかについては何も言っていませんが、十数人のチームメンバーが複数のリンゴを食べたというのは、普通にある状況なので、適格と判断されます。同様に、(15d) が適格文であるのは、十数人のチームメンバーが1個のスイカを分け合って食べたというのは、普通にある状況で、意味的に少しもおかしくないからです。

最後に、次の文が適格文であることを付記しておきます。

(16) I'd like an apple.

この文は、非文法的な *I like an apple とは異なり、恒常的状態、習慣を表わす文ではありません。「リンゴを1つください。」という意味の依頼文です。この文が適格文であるのは、複数個のリンゴでなく、1個のリンゴをください、と頼むことに、何ら不自然さがないからです。

◇ まとめ

この章で学んだことをまとめると、次のようになります。

規則
　動詞の目的語の位置に可算名詞（数えられる名詞）が現われ、その名詞が表わす人や物が、文の表わす出来事や状態の対象となっている場合
　(i)　単数の人や物が関係する場合は、その単数形名詞
　(ii)　複数の人や物が関係する場合は、その複数形名詞
　　　を使う。

第4章

a Few, Several と Some

◇ a few は「2、3の」、several は「5、6の」か？

　高校生、大学生、そして社会人に、(1a, b) の英文を、何冊ぐらいの本のことを言っているのかが明らかになるような日本語に直してほしいと言うと、どの人からも次の日本語が返ってきました。

(1) a. I read *a few* books last month.
　　　「私は先月、本を<u>2、3</u>冊読みました。」
　　b. I read *several* books last month.
　　　「私は先月、本を<u>5、6</u>冊読みました。」

中学や高校では、a few は「2、3の」という意味であり、several は「いくつかの」という意味で、通例、「5、6の」数を表わすと教えられています。(特に a few は、few との対比で、「どちらも少数であることを意味するが、a few は「少しはある」という肯定、few は「ほとんどない」という否定を表わす」と教えられます。) そのため、(1a, b) の英文は、そこに示した日本語訳に対応すると、ほとんどの人が思っています。

　実際、たとえば『研究社新英和大辞典』を見ると、several の項に次のような記述があります。

(2) several: はっきりした数ではないが、a few 以上ではある

が、特に many ではない通例同種のものの数に用いる。通例 <u>5、6</u> を指す。

つまり、『研究社新英和大辞典』によれば、a few と several の表わす数は次のようになっており、several の方が a few より大きな数を表わすということになります。

(3)　　several　＞　a few
　　　「5、6の」「2、3の」

しかし、a few と several の表わす数をこのように考えてしまうと、以下で明らかにするように、多くの問題が生じることになります。そして、その結果、このように考えることが実は間違っている、という結論になります。これらの数量詞が表わす数は、いったいどのようになっているのか、以下で見てみましょう。

◇ a few と several

まず、次のような実際の状況で、a few と several のどちらが用いられているか見てみましょう ((4b), (5b) に * がつけてあるのは、それらの文が非文法的な文であるという意味ではなく、与えられた事実を記述するのには不適格な文であるという意味です)。

(4)　　実際の状況：2003 年 10 月のカリフォルニア知事選挙で、ポルノ女王の Mary Carey が 98 票 (0.06％) を得た。

　a.　　*A few* voted for Mary Carey, a porn star.（実例）
　b.　　*Several voted for Mary Carey, a porn star.（事実に反す

る文）

(5) 実際の状況：2000年11月のアメリカ大統領選挙で、Ralph Nader が約278万票（3%）、Patrick Buchanan が45万票（0.4%）を得た。
   a. A lot of them didn't vote, *a few* voted for Nader or Buchanan.（実例）
   b. *A lot of them didn't vote, *several* voted for Nader or Buchanan.（事実に反する文）

(4)の状況で、Mary Carey が獲得した票は、全体のわずか0.06%で少数ですが、それでも98票を獲得しています。A few は、この98票に対して用いられるのに、several は用いられません。また(5)の状況で、Ralph Nader や Patrick Buchanan が獲得した票は、それぞれ、全体のわずか3%と0.4%で少数ですが、それでも278万票と45万票を獲得しています。A few は、この2人の候補者に投票した合計323万人の投票者に対して用いられるのに、several は用いられません。したがって、(4a), (5a) の文が上の2つの選挙で起きた出来事の記述として実際に用いられたという事実、そして、英語の話し手たちも、この2つの文がそれらの出来事を記述する文として自然であると判断するという事実は、a few が「2、3の」数を指すという考えが大きな間違いであることを示しています。

さらに、several を用いた (4b), (5b) が、「事実に反する文」であると判断されるのは、後でも説明しますが、several は3～5あたりの数しか表わさず、Mary Carey, Ralph Nader, Patrick Buchanan が獲得した票が、3～5票というおかしなことになってしまうからです。したがって、(4), (5) の状況で several を用いることが

できないということは、several が a few より大きな数を表わすという『研究社新英和大辞典』の説明が間違っていることも示しています。

同様に、次の例を見て下さい。

(6) （状況：収容人数 1000 人のコンサートホールの演奏会に観客が 100 人しか来なかった）
   a. *A few* people came to the concert.
   b. *Only a few* people came to the concert.
   c. *Several people came to the concert.（事実に反する文）

上の状況でも、約 100 という数を指すのに a few, only a few は適格であり、several は不適格です。(6c) のように several を用いると、演奏会に来た人が 3〜5 人になってしまい、事実に反する不適格文となります。（設定した状況を表わすのに only a few の方が a few より適格性が高いという話し手もいますが、これについては後で触れます。）そのため、a few が「2、3の」数を表わすというのも、several が a few より大きな数を表わすというのも間違いであることが分かります。

(4)–(6) を見ると、several は、3、4、5 近辺の絶対値を表わすが、a few は「期待値、基準値より小さい数」を表わすことが分かります。そのため、a few は、期待値、基準値が大きければ、several よりはるかに大きな数を表わし得る、ということになります。たとえば、(5a) で約 323 万という数を指すのに a few が用いられるのは、この数が棄権した人の数（基準値）に比べて少数であるからです。several と a few のこの違いは、日本語の「数人、数冊、数個」などと「少数」の違いに似ています。「数人、数冊、数個」は 3、4、5 近辺の絶対値を表わし、たとえば (5)

の状況で「数人がNaderかBuchananに投票した」と言えば、4、5人しかこの2人の候補者に投票しなかった、ということになります。一方、「多数が棄権し、少数がNaderかBuchananに投票した」と言えば、たとえば2000万人が棄権し、300万人がNaderかBuchananに投票したことを表わす文として適格です。

それでは、大きい期待値、基準値のない状況で、severalとa fewの間に指し得る数の範囲に違いがあるのでしょうか。たとえば、旅行に数冊の本を持って行ったというような状況を考えてみましょう。

(7) a. John took *a few* books with him on his trip.
    b. John took *several* books with him on his trip.

(7a, b) で、ジョンがいったい何冊ぐらいの本を旅行に持って行ったかに関して、英語の話し手は次の2つの意見に分かれます。多くの話し手は、(7a) と (7b) はいずれも、3〜5冊の本を持って行ったことを表わし、(7b) の方が多くの本を持って行ったということはないと言います。一方、severalの方がa fewより範囲が大きく、3冊から8冊ぐらいまでを指し得るという話し手もいます。どちらの話し手も、この2つの文の重要な違いは、「少ない数の本」というニュアンスが (a) にはあるが、(b) にはないという点で意見が一致します。(7b) はむしろ、1冊や2冊ではなくて、数冊も持って行ったというポジティヴな意味を表わす文であるということになります。

同様に次の文を考えてみましょう。

(8) a. *A few* students of this high school got into Boston University.

b. *Several* students of this high school got into Boston University.

この2つの文の a few, several が表わす数にも顕著な違いがなく、3～5人です。両者の違いは、(8a) が「わずか3～5人がボストン大学に入った」という「少ない数」という意味があるのに対して、(8b) が「3～5人もボストン大学に入った」というポジティヴな意味をもっていることです。

上の考察を下にまとめて示しておきましょう。

---仮説1---
Several と A Few:
 a. Several は、3～5あたりの数を、少なくない数として表わす。
  (日本語の「数人、数冊、数個」などに対応)
 b. A few は、3～5あたりの数を下限として、話し手が期待値、基準値より少ないと考える数を表わす。
  (日本語の「少数」に対応)

上の仮説から、どうして several が only を伴わないかも説明できます。

(9) a. ?? I took only *several* books with me on my trip.
    b. I took only *a few* books with me on my trip.

(9a) が極めて不自然な文、不適格文と判断されるのは、several がもっている少なくない数というポジティヴな意味と、only がもっている否定的な意味とが矛盾するからです。(しかし、どう

して、quite a few が「少ない数」ではなくて、「かなりたくさんの数」というポジティヴな数を指すようになったかは、分かりません。）先に、(6) で設定したコンサートホールの状況を記述するのに only a few の方が a few より適格性が高いと言う話し手がいると述べましたが、これは、100 人という大きな数が、期待値、標準値と比べると少ない数であるというニュアンスを、only が強調するからでしょう。その話し手たちは、(4) と (5) の選挙の文脈でも、自分なら a few ではなくて only a few を使うと言います。

『小学館プログレッシブ英和中辞典』は、several と a few の違いについて、次に示すように、『研究社新英和大辞典』に比べれば、はるかに正確な説明を行なっています。

(10) a. a few:《肯定的》多少の、少数の、いくらかの（相対的に「少ない」の意で「二、三の」「四、五の」「数千の」などと訳せるときもある）
　　 b. several: いくつかの《三つ以上だが、many まではいかない》

上の a few についての説明は、この辞典の以前の版の「《肯定的な意味で》多少の、少数の、2、3の、いくらかの」という説明に比べ、はるかに正確で、a few の根本的な意味をとらえた説明になっています。また、上の several についての説明は、この辞典の以前の版に「a few と many の中間にある語」とあった説明に比べ、大きな改善になっています。ただ、several が「三つ以上だが many まではいかない」数を表わすという (10b) の説明は、several が 3 ～ 5 あたりの絶対値しか表わせないという基本的な制限を正確にはとらえていないように思われます。

『大修館ジーニアス英和辞典』は several と a few の違いについて、次のような無難な説明を行なっています。

(11) a. several: 2つ以上から5、6、時に10ぐらいまでを指すが、文脈によってはそれ以上の数を表わすこともある。特に強勢が置かれると、数が多いことを含意する。
   b. a few: 具体的な数は文脈による。

ただ、(4b), (5b), (6c) の状況では、いくら強勢を加えても several は使えないので、「特に強勢が置かれると数が多いことを含意する」という (11) の記述には問題があります。ただし、

(12) I have *several* dollars with me.

と言うと、500～600ドル持っていることになる、と言うアメリカ人もいます。思うにこれは、日本語で、「少々お金を持っております」というと大金を持っているという意味にもなり得るという、謙遜的表現ではないでしょうか。

◇ Some

上に、several と a few の違いが、「3～5あたりの絶対値」と「3～5あたりの数を下限として期待値、標準値より少ない数」にあることを示しました。それでは、この2つの表現と比較して、some はどのような数を表わすのでしょうか。(5) と同じ次の状況を考えてみましょう。

(13) 実際の状況：2000年11月のアメリカ大統領選挙で、Ralph Nader が約278万票（3％）、Patrick Buchanan が45

万票 (0.4%) を得た。

a. Many didn't vote, *some* voted for Nader, and *a few* voted for Buchanan.

b. *Many didn't vote, *a few* voted for Nader, and *some* voted for Buchanan.（事実に反する文）

英語の話し手は、異口同音に、(13a) は事実を正確に表わしている文であるが、(13b) は事実に反する文である、と言います。つまり、some が 278 万人（3 %）を指し、a few が 45 万人（0.4 %）を指すのはいいが、逆に、a few が 278 万人（3 %）を指し、some が 45 万人（0.4 %）を指すことはできないことになります。したがって、some と a few が並べて使われるとき、some の方が a few より大きな数を指す、ということです（some > a few）。私たちはすでに、(13) と同じ実際の状況で (=5)、a few が 278 万人（3 %）や 45 万人（0.4 %）を指すことができるのに対し、several は、3〜5 あたりの数しか指せず、このような大きな数を指すことができないことを見ました。つまり、a few の方が several より大きな数を指し得ることになります（a few > several）。したがって、これら 3 つの表現の関係は、大きな数を指し得る順に some > a few > several となります。

第5章

Any, Every と Each

◈ Any の２つの用法

　これまで何度か、高校生や大学生、そして社会人から次のような質問を受けたことがあります。「Any は、(1a-c) のように、否定文や疑問文、または条件文で用いられ、肯定文では any ではなく、some が用いられるはずなのに、どうして (2a-c) のような文では、any が使われているのですか？これは some の間違いですか？」という質問です。

(1) a. I don't have *any* money.（否定文）

　　b. Do you have *any* money?（疑問文）

　　c. If you have *any* money, put it in the bank.（条件文）

(2) a. You can choose *any* pencil you like.

　　b. Come to see me *any* time.

　　c. *Any* suggestion is welcome.

中学や高校の英語の授業では、some と any が対比的に教えられ、「some は肯定文で、any は否定文、疑問文、条件文で用いる（ただし、肯定の答えを期待する疑問文（たとえば、Would you like *some* coffee?）では some を用いる)」（ある高校生用の英文法書より）という点が強調されます。そのため、any に２つの用法があるということが、ややもするとおろそかになり、上のよう

な質問につながります。実際は、any には、否定文で「少しも（...ない）」という意味を表わしたり、疑問文や条件文で「いくらか（の）、少しは、いくらかでも」という意味を表わす用法があるのに加え、肯定文で「どんな...でも」という意味を表わす用法があります。したがって、(2a) は、「好きな鉛筆を<u>どれでも</u>取って下さい」、(2b) は、「<u>いつでも</u>会いに来て下さい」、(2c) は、「<u>どんな</u>提案でも結構です」という意味で、まったく正しい英文です。この any の用法は、「与えられたもののどれを選んでもよい」というような意味から、「フリーチョイス」（自由選択）の用法と呼ばれています。

◇ Any と Every

Any が「どんな...でも」という意味を表わす場合、every とはどこが違っているのでしょうか。Every も「すべての...」、「どんな...でも」という意味を表わしますから、両者はまったく自由に置き換えられるということになるのでしょうか。この節では、両者の意味がどのような点で違っているのかを明らかにします。

まず、次の文を見て下さい。

(3) a. *Every* member of this department can speak two or more foreign languages.
「この学科の<u>すべての</u>人が、2つ以上の外国語を話せます。」

b. *Any* member of this department can speak two or more foreign languages.
「この学科の<u>どの</u>人<u>も</u>、2つ以上の外国語を話せます。」

(4) a. *Every* member of this department speaks two or more foreign languages.

「この学科の<u>すべての</u>人が、2つ以上の外国語を話します。」

b. *Any* member of this department speaks two or more foreign languages.

「この学科の<u>どの</u>人<u>も</u>、2つ以上の外国語を話します。」

話し手は、(3a), (4a) でも、(3b), (4b) でも、その学科のメンバーの全員が2つ以上の外国語を話すことができる、と述べています。

それでは、上の2組の文に意味の違いがないかどうか考えてみましょう。そのためには、every か any のどちらかしか使えないような文脈を考えることが大切です。すると、次のような対照的な文が頭に浮かびます。

(5) a. After three hours of heated discussion, *every* member of the department voted for the proposal.

「3時間の白熱した議論のあと、学科の全員がその提案に賛成の投票をした。」

b. *After three hours of heated discussion, *any* member of the department voted for the proposal.

(6) a. *Every* member of the department showed up at the reception.

「学科の全員がレセプションに顔を出した。」

  b. *_Any_ member of the department showed up at the reception.

(7) a. I read _every_ book on the reading list.
   「私は、推薦図書目録にあがっているすべての本を読んだ。」
  b. *I read _any_ book on the reading list.

(5)‒(7) の (a) と (b) は、every と any が入れ替わっているだけで、他はまったく同じです。しかし、every が用いられた (a) 文は適格ですが、any が用いられた (b) 文は不適格です。

 (3b), (4b) の any が用いられた適格文は現在形であり、(5b), (6b), (7b) の any が用いられた不適格文は過去形であることから、一見、any は過去形の文には用いることができないと思われるかも知れません。しかし、下に示す過去形の文では、any が用いられた (8b) も適格です。

(8) a. That seven-year-old boy solved _every_ high school geometry problem given to him.
   「あの 7 歳の少年は、出された高校の幾何の問題を全部解いた。」
  b. That seven-year-old boy could solve _any_ high school geometry problem given to him.
   「あの 7 歳の少年は、出された高校の幾何の問題のどれでも解く能力をもっていた。」

 上の事実は、いったい何を示しているのでしょうか。まず、any が用いられた現在形の適格文 (3b), (4b) は、ある学科のどの

人も2つ以上の外国語を話すという、その人たちの現在の能力を述べています。また、any が用いられた過去形の適格文 (8b) は、出されたどんな問題でも解けたという話題の少年の過去の能力を述べています。

これに対して、同じく any が用いられた (5b), (6b), (7b) の不適格文は、いずれも、「学科のどの人もその提案に<u>投票した</u>」、「学科のどの人もレセプションに<u>参加した</u>」、「推薦図書目録にあがっているどの本も<u>読んだ</u>」というように、過去のある特定の出来事を述べようとしています。したがって、この対比から、「どんな...でも」という意味の any は、一般的な真理や事実を表わす文にしか用いられないことが分かります。

次に (9) の文を考えてみましょう。

(9)　I can eat *anything*, but I can't eat *everything*.

(9) は、一見矛盾した文であるかのように見えますが、完全な適格文です。たとえば、日本料理店で、豪華ディナー定食のメニューを見て、アメリカ人が (9) を言ったとすれば、「メニューの中で（<u>どのひとつ</u>を取り上げても）食べられないものはないが、量が多すぎて<u>全部</u>を食べることはできない」という意味です。この文は、any と every の根本的な違いをよく表わしています。つまり、「どんな...でも」という意味の any は、その文の述べている内容（(9) では、「食べることができる」という能力）が、問題となっているグループ（(9) では、豪華ディナー定食メニューの品目）の<u>どのメンバーを選んでも</u>あてはまるということを表わすのみで、そのメンバーの<u>すべてを同時に選んだときに</u>（つまり、「全員、全部」に一度に）あてはまるかどうかについては、何も述べていません。一方、every は、その文の述べて

いる内容が、すべてのメンバーについて同時にあてはまるということを述べています。

さて、every が用いられた (3a), (4a) と any が用いられた (3b), (4b) に戻って、この2組の文に重要な違いがあるかどうか考えてみましょう。これらの文は、(9) と異なり、1つの特定状況に関する文ではなく、ある学科のメンバーの外国語知識に関する一般的事実を述べたものです。そのため、1人1人のメンバーを取り上げて、その人の外国語知識を述べても、あるいは、全員に共通する外国語知識を述べても、両者の違いが表面にはっきりとした形では現われてきません。それにもかかわらず、この2組の文には、微妙な意味の違いがあるようです。すなわち、every が用いられた (3a), (4a) の文は、統計的に全メンバーが2つ以上の外国語を話せることを表わし、any が用いられた (3b), (4b) の文は、何らかの原理、規則（たとえば、問題の学科は、2つ以上の外国語を話せない人は採用しない）に基づいて、そういう状態が学科の1人1人にあてはまることを表わします。

次の (a) 文と (b) 文にも、同じような違いがあります。

(10) a. John sees *every* visitor.
　　 b. John sees *any* visitor.

(11) a. John handwrites *every* letter.
　　 b. John handwrites *any* letter.

(10b), (11b) には、ジョンが、「訪問客には（どのような人でも）会う」、「手紙は（どんな手紙でも）手書きする」というような、主義、習性をもっている、というニュアンスがありますが、(10a), (11a) にはそのようなニュアンスがないように思われます。

この違いは、次の2つの文で一層はっきりと現われてきます。

(12)　a.　John goes out with *every* girl in town.
　　　b.　John goes out with *any* girl in town.

(12a) が、ジョンが同じ町のどの女性ともデートする、という<u>統計的事実</u>を述べているのに対して、(12b) は、ジョンが同じ町の女性なら誰とでもデートする、という彼の<u>性癖</u>を述べています。

　Every と any の違いは、規則を述べる文で、any が用いられ、every が用いられないことからも明らかです。

(13)　a.　??*Everyone* under 18 need not apply.
　　　b.　*Anyone* under 18 need not apply.
　　　　　「18歳以下の人は申し込むことができません。」

(14)　a.　*Every* application not accompanied with a check for the application fee will be discarded.
　　　b.　*Any* application not accompanied with a check for the application fee will be discarded.
　　　　　「受験料の小切手が入っていない願書は無効となります。」

(15)　a.　??You are advised to contact the technical support staff for *every* question on the use of this product.
　　　b.　You are advised to contact the technical support staff for *any* questions on the use of this product.
　　　　　「この製品の使用に関する質問は、テクニカル・サポートまで御連絡下さい。」

(13a), (14a), (15a) は、願書や製品説明書の文としては不適格です。(13a) は、「18 歳以下の人は申し込むことができません」というような規則を述べる文であり、それ以外の解釈が存在しないから、どのような文脈でも不適格です。一方、(14a) は、願書で規則を述べる文としてではなく、たとえば、小切手が入っていない願書をどうするかを学校側の職員たちが話し合っているような状況では、適格です。(15a) も説明書の中の規則を述べる文以外の解釈をすることが困難なので、どのような文脈でも不適格である、ということになります。

以上から、every と any の意味の違いについて、次の仮説をたてることができます。

仮説 1

Every と Any の意味的相違

a. Every は、それを含んだ文によって表わされる内容が、問題となっている集合のすべてのメンバーに関して、同時に成立することを表わす。

b. Any は、それを含んだ文によって表わされる内容が、問題となっている集合のどのメンバーを選んでも、それぞれ個々に、何らかの規則、原理、習性にしたがって成立することを表わす。

先に、「どんな ... でも」という意味の any は、過去のある特定の出来事を述べようとする文には用いられず、一般的な真理や事実を表わす文であれば、その文が現在形であれ、過去形であれ、用いられることを示しました((3)–(8) の (b) 文を参照)。同様に、次の過去形の文も、過去における何らかの規則、原理、

習性にしたがって成立する行動、出来事、状態を表わすものであれば、any を用いることができます。

(16) a. Twenty years ago, *any* member of this department *could* speak at least two foreign languages. (But rules have changed since then.)
 b. John *used* to accept *anything* that was offered to him.
 c. John *ate anything*.

(16a) は、問題の学科のメンバーの、20 年前の、おそらく当時の採用規則に基づく能力を述べる文として適格です。同様に、(16b) はジョンの過去の習性を表わす文として適格です。(16c) は、たとえば、「ジョンは、食卓に出されたすべてのものを平らげた」という過去の 1 回限りの出来事を表わす文としては不適格ですが、「ジョンは、何でも食べるという習性をもっていた」という過去の習性、あるいは能力を表わす文としては適格です。

次に、any の後の名詞が、単数形か複数形かの違いを考えてみましょう。

(17) a. You can choose *any item* on the list.
 b. You can choose *any items* on the list.
  「このリストのどの品でも選べます。」

この 2 つの文は、明らかに意味が違います。(17a) は、1 つの品物しか選ぶことを許さない文であり、(17b) は、複数個の品物を選ぶことを許す文です。そうすると、「any + 単数名詞」は、「どんな単数個の X でも」という意味であり、「any + 複数名詞」は、「どんな複数個の X でも」という意味であることが分かります。

この意味の違いが、(17a, b) では重要ですが、一般的には、単数でも複数でも結果的に同じ意味になってしまう場合がほとんどです。たとえば、次の2つの文を比べてみましょう。

(18) a. *Any member* of this department can speak at least two foreign languages.
  b. *Any members* of this department can speak at least two foreign languages.

(18a) は、(i)「この学科のどの<u>単数の</u>メンバーを選んでも（つまり、どの1人をとっても）、2つ以上の外国語を話すことができる」という意味であり、(18b) は、(ii)「この学科のどの<u>複数の</u>メンバーを選んでも（つまり、どの2人以上の人を選んでも）、2つ以上の外国語を話すことができる」という意味です。(i) が真であれば、当然 (ii) も真なので、(18a) と (18b) の間には、識別できるような意味の違いがない、ということになります。

◈ Every と Each

Each も every と類似した意味をもち、どちらでも使える状況が多くあります。たとえば、次の例を考えてみましょう。

(19) a. *Every* member of this department can speak at least two foreign languages.
  b. *Each* member of this department can speak at least two foreign languages.

(20) a. Mary had a ring on *every* finger.
  b. Mary had a ring on *each* finger.

(21) a. John is with a different girl *every* time I see him.
　　b. John is with a different girl *each* time I see him.

上の文では、every を用いても each を用いても、どちらも適格です。そのため、このような文を見ているだけでは、each と every の意味に違いがあるかないか分かりません。意味の違いは、どちらか片方しか使えない状況を見つけることによって初めて明らかになります。そのため、まず最初に次の例を考えてみましょう。

(22) 状況：陪審裁判で、陪審員代表が評決を読んだあと、裁判官が、確認のため、陪審員1人1人に、その評決に同意したかどうかを尋ねるシーン

After the recommendation was read by the jury foreperson,

a. ?/?? *every* juror was polled individually.

b.　　 *each* juror was polled individually.
　　　「陪審員代表が陪審意見を読んだあとで、各陪審員が、別々に意見を尋ねられた。」

(22) の状況では、陪審員1人1人が順番にそれぞれ別々に意見を尋ねられるわけですが、このような状況では、every は使えず、each が用いられます。

　同様に、次の例を見て下さい。

(23) a. ??/* As *every* witness was called to the stand,
　　b.　　 As *each* witness was called to the stand,
　　　　　 the prosecutor questioned them about the killing of the

three-year-old.（実例）

「各証人が証言台に呼ばれると、検事が3歳児の殺害について、彼らを尋問した。」

a. ??/*As *every* witness was called to the stand...

b.　　As *each* witness was called to the stand...

この状況でも、証人がそれぞれ別々に1人ずつ証言台に呼ばれて尋問を受けるわけで、every は使えず、each が用いられます。（ついでながら、学校文法では、「each/every ＋ 単数名詞」を指すのに、単数代名詞を用い、複数代名詞を用いてはいけない、と規定していますが、話し言葉や、論文スタイルでない書き言葉では、複数代名詞がよく使われます。したがって、(23b) で each witness を指すのに複数代名詞 them が用いられているのは普通のことで、間違いではありません。)

　上の every と each の違いから、every は、ある集合のメンバー全体の行動、出来事、状態に焦点を当てるのに対し、each は、

その集合の個々のメンバーの行動、出来事、状態に焦点を当てることが分かります。(22), (23) は、法廷で順次起きていった出来事の記述なので、each が適格で every が不適格ということになります。

一方、次の文では、every も each も共に適格です。

(24) If requested by the attorney,
   a. *every* juror must be polled as to their verdict.
   b. *each* juror must be polled as to their verdict.
   「弁護人の要請があれば、各陪審員が判決についての賛否を問われなければならない。」

(24) は、弁護人の要請があれば、陪審員全員が評決に賛成票を投じたか、不賛成票を投じたかについて、問われなければならないという規則を記述しており、過去の順次起こった出来事を記述しているわけではありません。そのため、every が用いられます。(24a) と (24b) の違いは、(24a) がその問われ方については何も触れていないのに対して、(24b) が「1 人 1 人順次に」と指定していることです。

以上の考察から、下記の状況でどうして each より every が適切であるかも説明できます（?/?? は、その文がまったくの不適格文ではないにしても、不自然であることを表わします）。

(25) クラスの学生全員が、スミス教授を敬愛している。
   a. *Every* student in the class adores Professor Smith.
   b. ?/?? *Each* student in the class adores Professor Smith.

(25b) が不自然なのは、「クラスの学生が全員、1 人 1 人別々にス

ミス教授を敬愛している」というのが不自然なためです。一方、次の文では、each も用いられます。

(26) クラスの学生全員が、スミス教授を敬愛していると言った。
   a. *Every* student in the class has said he or she adores Professor Smith.
   b. *Each* student in the class has said he or she adores Professor Smith.

(25) は、学生がスミス教授を敬愛しているという状態を表わす文であるため、「1人1人別々に敬愛している」という解釈が不自然であることは、すでに述べた通りです。それに対して、(26) は、学生がスミス教授を敬愛していることを述べたという出来事を表わしています。そのため、「1人1人別々に」そういう出来事があっても、おかしくないので、この文に each が用いられることになります。

同様に、次の2つの文を比べてみましょう。

(27) a. We ordered *every* dish on the menu.
   b. We ordered *each* dish on the menu.

この2つの文の意味の違いは非常に微妙ですが、(27a) は、たとえば、中華料理屋で、「メニューにあるもの全部出して下さい」と注文した場合の記述に適切でしょう。一方 (27b) は、メニューを手にして、上から下まで全部を順々に注文した場合（あるいは、注文するものを決める段階で、メニューの上から下までを順々にチェックして、結局すべての料理を注文することに決め

た場合) を記述するのに適切でしょう。本節の each の考察の最初にあげた (19a) と (19b) の間にも同様の違いがあります。

(19) a. *Every* member of this department can speak at least two foreign languages.
   b. *Each* member of this department can speak at least two foreign languages.

Each を用いた (19b) には、問題の学科のメンバーのリストがあって、そのリストを上から下まで、順次チェックした結果の発話である、というニュアンスがあります。一方、every を用いた (19a) には、そのようなニュアンスがありません。

Each と every に関してこれまで見てきた意味の違いを、下にまとめておきましょう。

仮説2

Each と Every の意味的相違
a. Each を含んだ文は、その文が表わす動作、出来事、状態が、問題となる集合の全メンバーについて、<u>個々に、順次的に</u>適用することを表わす。
b. Every を含んだ文には、そのような、「個々に、順次的に」の意味がなく、その文が表わす動作、出来事、状態が結果的に、統計的に問題となる集合の<u>全メンバーに</u>適用することを表わす。

上で明らかにした each と every の違い以外にも、両者の間にはいくつかの違いがあります。ただ、そのような違いは、each と every の間の個別的な違いなので、以下ではそのいくつかを簡

単に述べるだけにしておきます。［コラム②を参照］

たとえば、問題となっている集合のメンバーが2つしかない場合には、every は用いることができず、each を用いることになります。

(28) a. *He had a gun in *every* hand.
    b. He had a gun in *each* hand.

人は、右手と左手の2つしかないので、その両手に銃を持つ場合、in every hand とは言えず、in each hand となります。

逆に、(29) の度数を表わす表現や、(30) の総範囲を指定する表現には、every は使えますが、each は使えません。

(29) a. *every* other day「隔日に」、*every* three days「3日に1日」、*every* three pages「3ページごとに」
    b. **every* other day, *each* three days, *each* three pages
(30) a. *every* possible way「可能なかぎりの方法」、*every* conceivable way「考えられるかぎりの方法」
    b. *each* possible way, *each* conceivable way

(29b) の each three days, each three pages は、「3日に1日」、「3ページごとに」の意味ではなく、文字どおり、「各3日」、「各3ページ」の意味です（たとえば、*Each three days* of Island life results in one episode of Survivor.（実例）「島での生活各3日が、テレビ番組『サーバイバー』の1つのエピソードとなる」。*Each three pages* will take 10 minutes to present.「各3ページを発表するのに10分かかる」)。同様に、(30b) の each possible way, each conceivable way は、英語として間違いではありませんが、(30a)

のような総範囲を指定する表現ではなく、文字通りの解釈、つまり、「可能な方法」、「考えられ得る方法」のリストがあって、「その1つ1つの項目を別々に、順次に」という解釈になってしまいます。

コラム②：数量詞のさらなる違い

第5章の後半で、each と every の違いを述べましたが、さらなる違いをここで少し考えてみましょう。まず、次の文を見て下さい。

(1)　a. *Each* student has a computer.
　　 b. *Every* student has a computer.

(1a, b) はともに正しい英文です。しかし、each を用いた (1a) は、次の (2a) のように言い換えられますが、every を用いた (1b) は、(2b) のように言い換えることができません。

(2)　a.　[*Each* of the students] has a computer.
　　 b. *[*Every* of the students] has a computer.

これはなぜでしょうか。(1a, b) では、each と every が、名詞 student の直前にあり、その名詞を修飾する形容詞として機能しています。一方、(2a) の each は、each of the students となっており、前置詞句 [of the students] を伴う（代）名詞として機能しています。Each は、このように形容詞としても、名詞としても機能するので、(1a), (2a) がともに文法的となります。しかし、every は、形容詞としては機能しますが、名詞としては機能しないので、(2b) が非文法的となります。

Each と every のこのような違いのために、次に示すように、each は、それが修飾する名詞から離れ、文中の他の位置に単独で現われることができますが、every はそのようなこともできま

せん。

(3) a. The guests will *each* make a speech.
b. *The guests will *every* make a speech.

(3a) の each は、「それぞれのゲスト／ゲストのそれぞれ」という意味から分かるように、the guests を意味的には修飾していますが、the guests から離れて will と make の間に置くことができます（このような現象は、「数量詞遊離」と呼ばれています）。しかし、every は、(3b) に示すように、「遊離」することができません。

それでは、第5章で取り上げた「どんな . . . でも」という意味の any はどうでしょうか。面白いことに、(2) のパターンは可能ですが、(3) のパターンは不可能です。

(4) a. *Any* repairman can fix your car.
b. [*Any* of the repairmen] can fix your car.
c. *The repairmen can *any* fix your car.

他の数量詞はどうでしょうか。そのいくつかを見てみると、(2) のパターンは許されますが、(3) のパターンは、each に加え、all と both のみが可能で、他の数量詞は不可能です。

(5) a. [*All/Both* of the students] will come to the party.
b. [*Many/Some/Several* of the students] will come to the party.

(6) a. The students will *all/both* come to the party.
    b. *The students will *many/some/several* come to the party.

日本語では、each, all, both に対応する表現だけでなく、many, some, several に対応する表現も、数量詞遊離パターンが可能です。

(7) a. 学生が明日、<u>それぞれ</u>個人発表を行ないます。
    b. 学生が明日、<u>全員／2人とも</u>個人発表を行ないます。
(8) a. 学生が明日、<u>たくさん</u>デモに参加します。
    b. 学生が明日、<u>何人か／数人</u>デモに参加します。

なぜ、英語の数量詞には上に示したような違いがあるのか、そして、英語と日本語の数量詞表現で、なぜ上に示したような違いがあるのか、まだ十分には明らかになっていません。

第6章

単数名詞と複数名詞（2）
——主語の位置の名詞句——

◇ a(n) が any で置き換えられるか？

第3章で、どうして (1a) のような文が適格なのに、(1b) のような文が不適格なのか説明をしました。

(1) a. （質問：何かペットを飼っていますか？）
    私は子猫を飼っています。
    I have a kitten.

   b. （質問：あなたは果物のうちで何が好きですか？）
    私はリンゴが好きです。
    *I like an apple.

目的語の位置に単数形の可算名詞（数えられる名詞）を用いることができるのは、a を one で置き換えることができるときだけであるという説明です。この説明によると、(1a) が与えられた質問に対する答えとして適格なのは、I have a kitten が I have one kitten と言い換えられるからです。一方、(1b) が与えられた質問に対する答えとして不適格なのは、I like an apple を I like one apple に言い換えると、「私は1個のリンゴが好きです」となってしまい、質問に対する答えとして適切でないからです。

ところが、習慣的動作や状態を表わす文で、可算名詞が主語

の位置に現われると、この説明とは食い違う現象が見られます。次の質問とその回答を見て下さい。

(2) （質問：ビーバーって、どんな動物？）
a. A *beaver* builds dams.
b. *Beavers* build dams.

(2a, b) は、「ビーバー」を総称名詞として用いて、「ビーバー一般」にあてはまる記述を行なおうとしています。ここで問題となるのは、(2a) がなぜ適格であるかということです。私たちは、(1b) の I like an apple が不適格なのは、「a(n) が one で置き換えられないからだ」と考えました。これは、「私は1つの（特定の）リンゴが好きです」という発話が、社会常識的に考えておかしいからです。それでは、(1b) の an apple を「リンゴ一般、どんなリンゴでも」という意味に解釈して、(1b) が「私はリンゴ一般が好きです」という意味になり得るかというと、そのような解釈は存在しません。つまり、(1b) の an apple は、(2a) の a beaver とは異なり、総称名詞の解釈も受けることができません。したがって、(1b) は、第3章で考えた an apple の「1つの（特定の）リンゴ」の解釈でも、また、(2a) の a beaver の解釈と同様の、総称名詞解釈、つまり、「リンゴ一般、どんなリンゴでも」の解釈でも不適格です。一方、(2a) は、a beaver を総称名詞として解釈すれば適格ですが、「1匹の（特定の）ビーバー」と解釈すれば不適格となります。この事実は、この文の a を one で置き換えると、次のように不適格になることからも明らかです。

(3) *One beaver builds dams.

(特殊な文脈では、(3) やそれと同じ意味での (2a) が適格になることがありますが、それについては、後で述べます。)

　上の事実は、(1b) の an と、(2a) の a が異なった意味的機能を果たしていることを示しています。それでは、(2a) の a の意味的機能とは何でしょうか。この問いの答えは、(2a) の a が、第5章で考察した「どんな . . . でも」という意味の「フリーチョイス」の any とほぼ同じ意味をもっているということです（第2章の (19), (20) も参照）。

(4)　*Any beaver* builds dams.

(2a) と (4) とは、ほぼ同じ意味です。つまり (2a) は、ほぼ「どんなビーバーでもダムを作る」という意味を表わします。一方、(1b) が不適格なのは、目的語の位置に現われる a(n) が、「フリーチョイス」の any の意味的機能をもてないからだと考えられます。第5章で示したように、「どんな . . . でも」という意味の「フリーチョイス」の any は、何らかの原理、規則に基づいた一般的事実を表わす文にしか使えません。この any とほぼ同じ意味の a(n) が主語の位置にしか使えないということは、それが、主語の指示対象の恒常的な状態、習慣的動作を表わす文にしか使えない、ということを意味します。この点を次の仮説として定式化しましょう。

仮説

「a(n) ＋単数可算名詞」の中の a(n) は、その名詞句の指示対象を定義する文においてのみ、「どんな . . . でも」という解釈を受ける。

この仮説によれば、(2a) は「ビーバーとはどんな動物か」を定義する文なので適格であり、(1b) は、「リンゴとは、どんな果物であるか」を定義する文ではないので、不適格である、ということになります。

この仮説は、次の文がどうして適格であるかも自動的に説明できます。

(5) Dictionaries define *a beaver* as a large aquatic rodent of the genus Castor.
「辞書は、ビーバーを Castor 属の大きい水棲齧歯類動物と定義しています。」

この文では、a beaver が目的語の位置に現われていますが、この文が、「ビーバーとはどんな動物か」を定義する文であり、a beaver が、any beaver で置き換えられ、「どんなビーバーでも」という解釈を受けます。そのため、(5) は適格ということになります。

上で、「a(n) + 名詞」や「one + 名詞」が主語や目的語の位置に現われる文を見て、そのような文が適格となったり、不適格となったりするための条件を考えました。ここで強調しておかなければならないのは、ある文が適格であるか、不適格であるかを決める条件として、文法的な要因と、文法以外の意味的な要因があるということです。この２種類の要因を念頭に置き、(1b), (2a), (3) の適格性、不適格性の理由を再度、確認しておきましょう（当該の文がある一定の解釈で不適格になる場合、その要因に＊印をつけます）。

(6) 　＊I like an apple. (=1b)

a. 「リンゴ一般」という総称名詞解釈:「私はリンゴ一般が好きです。」
 (i) *文法的要因:先に提示した仮説に違反している。つまり、目的語位置の「a(n) + 名詞」は総称名詞解釈を受けられない。
 (ii) 意味的要因:「リンゴ一般」という解釈には、不自然なところがない。

b. 「1つの(特定の)リンゴ」という解釈:「私は1つの(特定の)リンゴが好きです。」
 (i) 文法的要因:「1つの(特定の)〜」を表わす名詞句は、目的語の位置に現われる(次例参照)。

   I like *a guy* but I don't know if I should tell him. (実例)
   「わたし、一人の男性が好き。でもその人にそう言ったほうがいいか、言わないほうがいいか分からないわ。」

 (ii)*意味的要因:「1つの(特定の)リンゴが好きである」という表現が、社会常識的に言って不自然。

結果:I like an apple は、an apple を「リンゴ一般」と解釈しても、「1つの(特定の)リンゴ」と解釈しても不適格となる。

(7) A beaver builds dams. (=2a)

a. 「ビーバー一般」という総称名詞解釈：
   (i) 文法的要因：定義文の主語の位置の「a(n) + 名詞」は、総称名詞解釈を受けることができる（先の仮説の予測通り）。
   (ii) 意味的要因：述部（= builds dams）が習慣的動作を表わすので、主語の総称名詞解釈と合致している。

b. 「1匹の（特定の）ビーバー」という解釈：
   (i) 文法的要因：「1つの（特定の）〜」を表わす名詞句は、主語の位置に現われる（次例参照）。

   A little piggie went to market.
   「1匹の子豚が買い物に行った。」

   (ii)* 意味的要因：述部（= builds dams）がビーバー一般の習慣的動作を表わしているので、この文を1匹の特定のビーバーの習慣的動作を表わすものと解釈することが難しい。

結果：A beaver builds dams. は、「ビーバー一般」の解釈でのみ適格となる。

★ただし、文脈から1匹の特定のビーバーの話をしていることが明らかであれば、この解釈が可能となる（次例参照）。

   A beaver builds dams, but his mother is not happy with the way he builds them.

「ある1匹のビーバーがダムを作る。けれども、母親のビーバーは、そのビーバーのダムの作り方が気に入らない。」

(8) *One beaver builds dams. (=3)

a. 「ビーバー一般」という総称名詞解釈：
 (i) *文法的要因：「one + 名詞」には、総称名詞の解釈がない。

b. 「1匹の（特定の）ビーバー」という解釈：
 (i) 文法的要因：問題がない。
 (ii)*意味的要因：述部（= builds dams）がビーバー一般の習慣的動作を表わしているので、この文を1匹の特定のビーバーの習慣的動作を表わすものと解釈することが難しい。

結果：One beaver builds dams. は、「ビーバー一般」の解釈でも、「1匹の（特定の）ビーバー」の解釈でも、不適格となる。

★ただし、次のような文は、意味的にもおかしくない適格文である。

> *One beaver* builds dams, and another catches fish.
> 「1匹の（特定の）ビーバーがダムを作る。もう1匹の（特定の）ビーバーが魚を捕まえる。」

(6) に示したように、(1b) の an apple を総称名詞として解釈することは、文法的な理由でできません。また、この an apple を「1つの（特定の）リンゴ」として解釈することは、意味的な理由でできません。一方、(7) に示したように、(2a) の a beaver を総称名詞として解釈することは、文法的にも意味的にも問題がないので、この文は適格となります。(2a) の a beaver を「1匹の（特定の）ビーバー」として解釈することは、文法的には問題がありませんが、意味的な理由でこの解釈が困難になります。ただし、文脈でこの解釈が意図されていることが明らかであれば、この解釈での (2a) も適格となります。さらに (8) に示したように、(3) の one beaver には、文法的な理由で総称名詞としての解釈がありません。一方、この文の one beaver を「1匹の（特定の）ビーバー」として解釈することは、a beaver の場合と同様に、意味的な理由で困難ですが、文脈次第でこの解釈も可能となります。

◈ 主語位置の特殊性

(5) のような例外を除いて、定義文は、定義する対象の名詞句を主語の位置に置くのが普通です。たとえば、次の2つの文を比べてみましょう。

(9)　a.　Whales are mammals.
　　　b.　Mammals include whales.

上の2つの文の論理的意味は同じですが、何を定義する文であるかに関して、大きな違いがあります。つまり、(9a) は、主語の「クジラ」とは何であるかを定義する文であり、(9b) は、主語の「哺乳動物」とは何かを定義する文です。

上に、「どんな...でも」の意味の不定冠詞 a(n) は一般的に言って、主語の位置でしか用いられないことを示しました。この制約は、一見してその場限りの制約であるかのように見えますが、主語の位置には、他の位置に見られない現象が見られます。たとえば、次の例を見て下さい。

(10) a. *One* speaks English here.
   「ここでは、英語しか使ってはいけません。」
 b. *I like *one* here.
   （意図する意味：「私は、ここの土地の人たちが好きです。」）

一般の人を表わす one が、(10a) では主語の位置にあり、この文は適格です。一方、そのような one が、(10b) では目的語の位置にあり、この文は不適格です。そして、このような例を見ると、(1b) の an apple が、主語の位置にないため、「どんなリンゴでも」の解釈を受けないという、先に提示した仮説の説明は、主語の特殊性を反映する制約の１つに過ぎないことが分かります。

第7章

疑問代名詞 Who の不思議な特徴

◇ Who がとる動詞は単数形？複数形？

　ある会社の最終面接試験に4人が残り、1日に1人ずつ面接を行ない、その1日目が終わったとしましょう。面接の試験官が別の試験官に、翌日、誰が面接に来るかを尋ねる場合、次のように言うでしょう。

(1)　Who *is* coming to the interview tomorrow?

(1)で、明日、面接に来る人は1人だけなので、who の後の動詞は、当然のことですが、単数形の is になっています。それでは、たとえば、ある家庭で夕食にお客さんを招くことになっていて、母親がその準備をしていたとしましょう。子供がその様子に気がつき、お客さんが1人来るのか、2人以上来るかは分からない状況で、「誰が夕食にやって来るの？」と母親に尋ねる場合はどうでしょうか。あるいは、食卓に家族の食器のほかに、お客さんのための食器が4セット並べてあるのを見て、子供が母親に「誰が夕食にやって来るの？」と尋ねる場合はどうでしょうか。つまり、これら2つの状況で、次の文のどちらが用いられるでしょうか。

(2)　a.　Who *is* coming to dinner tonight?
　　　b.　Who *are* coming to dinner tonight?

正解は、どちらの場合も (a) です。英語の疑問詞 who には、「単数名詞としてしか使えない」という面白い制約があります。そのため、今晩夕食に来る人がたくさんあることが分かっていても、who は、(2a) のように単数動詞 is を要求し、(2b) の are のような複数動詞を使うと間違いになります。この事実を知っている高校生、大学生はいったいどれぐらいいるでしょうか。(2) の正解は (b) であると間違って答える人も多いのではないでしょうか。

同様に、たとえば、米国上院議員 100 名のうちの 28 名が再選挙に立候補していることが分かっていても、「誰が上院選挙に立候補していますか？」という質問をするには、who を単数形主語扱いにして質問をしなければなりません。そのため、次の (3a) が正しく、(3b) は間違いです。

(3) a. Who *is* running for re-election in the Senate?
    b. *Who *are* running for re-election in the Senate?

◇ "Who are these people?" は間違いか？

それでは、次の文は、who が複数形動詞の are をとっているの

で間違った文でしょうか。

(4) Who are these people?

決してそんなことはありません。(4) はまったく正しい英文です。これは、いったいなぜでしょうか。

(2b), (3b) が非文法的なら、(4) の who が are these people の主語であるはずがありません。この点は、(4) が、(2), (3) とは異なり、「*誰がこれらの人々ですか？」という意味ではなく、「これらの人々は誰ですか？」という意味であることからも分かります（この点は以下で詳しく述べます）。したがって、この疑問文の主語は who ではなくて、these people に違いありません。つまり、(4) は次の疑問文と同じように、主語と助動詞の倒置の結果できた文に違いありません。

(5) Who am I?

(5) の Be 動詞 am は I と一致しているので、文法的に言って、この文の主語は I であって、who ではないように思われます。また、意味的に言っても、この文は「<u>私は</u>誰ですか？」であって、「<u>誰が</u>私ですか？」ではありません。したがって、(5) の who は主語ではなく、Be 動詞の補語です。Be 動詞の補語は、(6a) に示すように、通常 Be 動詞の後ろに現われるので、(5) は (6b) に示す基本構造をもっている、ということになります。

(6) a. I　　　　am　　　　a teacher.
　　　　主語　　Be 動詞　　補語

  b. I   am   who
    主語 Be 動詞   補語

日本語と違い、英語では、文中にある who, what, where などの疑問詞は、文頭に移動しなければなりません。この移動規則により、(6b) では、(7) に示すように、who が文頭に移動します。

(7) [who I am *t*]

(7) の構造で、*t* は、文頭移動規則の適用を受けた who が移動前に占めていた位置を示し、who の「痕跡」(trace) と呼ばれます。
 主文が疑問文で、文頭への移動を受けた疑問詞の後ろに主語が現われている場合には、その主語と、それに続く助動詞が倒置しなければなりません。Be 動詞は助動詞扱いされるので、この倒置規則が (7) の構造に適用して、表層文 (5) [= Who am I?] ができる、ということになります。(7) の構造が埋め込み文構造であれば、この倒置規則が適用しないので、who と Be 動詞が倒置せず、(8) のような文ができます。

(8) I don't know who I am.

「疑問代名詞 + Be 動詞 + 名詞句」に「補語 + Be 動詞 + 主語」の解釈があるということは、(9) のような疑問文が 2 つの異なった構造をもち得ることを示しています。

(9) Who is the President of the United States?
  a. Who is   the President of the United States?
    主語 Be 動詞   補語

誰がアメリカの大統領ですか。
b. Who is the President of the United States?
  補語 Be動詞   主語
  アメリカの大統領は誰ですか。

ということは、(4) にも2つの異なった構造があり得るということです。

(10) a. *Who are these people?
    主語 Be動詞 補語
   *誰がこの人たちですか。
 (i) 「疑問詞 who は単数扱い」という制約に違反
 (ii) 意味的に不自然
b. Who are these people?
   補語 Be動詞 主語
   この人たちは誰ですか。
 (i) 「疑問詞 who は単数扱い」という制約に違反しない
 (ii) 意味的にも自然

(4) には、(10b) に示したように、(i)「疑問詞 who は文法的には単数扱い」という規則に違反せず、(ii) 意味的にも自然な解釈があります。そのため、(4) は適格である、ということになります。すなわち、一見疑問詞 who は単数扱いという規則の反例であるかのように見える (4) の who は、主語ではなく補語であるから、この規則とは無関係ということになります。

◇ 複数名詞を要求する動詞

「Who は複数名詞扱いができない」という上の制約は、極めて

強い制約で、(11) のように、文の中で who が複数名詞を指し示していることが明らかな場合でも、依然として動詞との単数一致を示さなければなりません。

(11) Who *controls*/*control the Senate, the Democrats or the Republicans?
「民主党と共和党のどちらが上院を支配していますか。」

(11) では、who が複数名詞の the Democrats (「民主党員」) か the Republicans (「共和党員」) のどちらかを指し示していることが明らかですが、それでも動詞は、単数形動詞の controls が用いられ、複数形動詞の control は使えません。

さて、英語には、主語に複数名詞を要求する動詞や形容詞があります。たとえば、次の例を見てみましょう。

(12) a. *John is *gathering* in the park.
　　 b. Demonstrators are *gathering* in the park.
(13) a. *John is *assembling* in the hall.
　　 b. The Representatives are *assembling* in the hall.
(14) a. *John is *alike*.
　　 b. These people are *alike*.

「集まる」と言ったり、「似ている」と言うと、その主語は、当然、2人以上の複数の人々です。そのため、(12) – (14) の (b) では、gather「集まる」、assemble「集まる」、alike「似ている」が複数主語 (demonstrators「デモ参加者」、the Representatives「下院議員」、these people) をとっているので文法的です。一方、(12) – (14) の (a) では、これらの動詞が単数主語 (John) をとっている

ので、非文法的です。

　Who がこれら複数主語を要求する動詞の主語の位置に現われるとき、いったい何が起きるでしょうか。次の文を見てみましょう。

(15) a.　　Who is gathering in the park?
　　 b.　　*Who are gathering in the park?
(16) a.　　Who is assembling in the hall?
　　 b.　　*Who are assembling in the hall?

(12), (13) で見たように、gather や assemble は複数主語をとる動詞ですが、who がこれらの動詞の主語位置に現われると、(15a), (16a) が文法的で、(15b), (16b) は非文法的です。つまり、単数動詞の is が用いられ、複数動詞の are は用いられません。そのため、who は、複数の主語を要求する動詞の主語の位置に現われても、複数扱いできないことが分かります。

　さらに次の例を見てみましょう。

(17) a.　　*Who is alike?
　　 b.　　*Who are alike?

Alike も複数主語をとる形容詞です（(14) 参照）が、who は、(15b), (16b) で見たように、複数主語を要求する述語（動詞や形容詞）の位置に現われても複数扱いできないので、(17b) が非文法的であることは理解できます。しかし、(17a) は、(15a), (16a) と異なり、非文法的です。ここで、次の2つの疑問が生じます。第1の疑問は、(15a), (16a) は適格なので、単数名詞であるはずの who が、どうして複数主語を要求する動詞の主語位置に現わ

れるのだろうか、という疑問です。そして第2の疑問は、(15a), (16a) が文法的なのに、どうして (17a) は非文法的なのだろうか、という疑問です。

　上の謎を解く鍵は、集合名詞の存在です。単数集合名詞は、次の例から明らかなように、文法的には単数、意味的には、複数の名詞です（ただし、イギリス英語では、単数集合名詞は複数の動詞をとります）。

(18) a. *My class* is gathering in the park now.
　　 b. *A group of demonstrators* is gathering in the park now.
　　 c. *The committee* is assembling in the hall now.

「クラス」、「グループ」、「委員会」は、それらを構成する個々の人に焦点を当てた名詞ではなく、それらを構成する人々全体に焦点を当てた集合名詞です。そのため、(18a-c) の主語 my class, a group of demonstrators, the committee は、文法的には単数形動詞の is をとっています。したがって、単数形動詞を伴った (15a), (16a) が文法的であるということは、who が単数集合名詞の機能ももっていることを示しています。つまり、上の第1の疑問、「単数名詞であるはずの who が、どうして複数主語を要求する動詞の主語の位置に現われるか」というと、who が、単数普通名詞の機能ばかりでなく、単数集合名詞の機能ももっているためです。

　次に第2の疑問、「単数形動詞を伴った (17a) がなぜ非文法的であるか」というと、それは、alike が単数形集合名詞を主語にすることができないためであると考えられます。

(19) a. 　*My class is alike.
　　 b. 　*This group of students is alike.

c. *The committee is alike.

(18) と (19) の違いは、(18) の動詞 gather, assemble が、単に複数の行為者を要求するのに対して、(19) の述語 be alike は、複数の人々を見比べて初めて「似ている」と言えることから分かるように、複数の主体間の<u>相互関係</u>を表わしていることです。(19a-c) の不適格性は、単数の集合名詞は、複数の主体間の相互関係を表わす述語の主語にはなれないことを示しています。

Alike と同じような特徴を示す動詞表現には、他に fight with each other「喧嘩(けんか)する」、hate one another「お互いに憎む」などがあります。まず、次の例を見て下さい。

(20) a. *John is always fighting with each other.
b. John and Mary are always fighting with each other.

「喧嘩をする」のは、1人ではできず、複数の主体間の相互関係を表わします。そのため、(20a) は、主語が John 1人だけなので非文法的であり、(20b) は、主語が John and Mary の2人なので文法的です。

さらに次の例を見てみましょう。

(21) a. The couple is/are waiting for the arrival of an adopted child born in Rumania.
「その夫婦は、ルーマニア生まれの養子がやって来るのを待っている。」
b. *The couple is always fighting with each other.
c. The couple are always fighting with each other.
d. *Who is fighting with each other?

(21a) が示すように、the couple「その夫婦」は、集合名詞として単数形動詞をとることもできますし、複数名詞として複数形動詞をとることもできます。次に、(21b) と (21c) の対比は極めて興味深いものです。(21b) の the couple は、単数形動詞を伴っているから、集合名詞です。したがって、この文が非文法的であるのは、(19a-c) が非文法的であるのと同じ理由によるに違いありません。つまり、fight with each other は、主語に複数名詞を要求し、その名詞の指示対象間の「喧嘩をする」という相互行為を表わすから、単数集合名詞は、この制約を満たすことができません。(21b) が非文法的であるのは、この理由によります。それに対し、(21c) の the couple は、複数形動詞を伴っているから、単数形集合名詞ではなくて、複数名詞です。したがってこの文は、fight with each other が主語に複数名詞を要求するという制約を満たしているので、適格文となります。(21d) が非文法的なのは、(21b) が非文法的なのと同じ理由によります。つまり、who は単数集合名詞として機能していますが、fight with each other が、主語に複数名詞を要求し、その名詞の指示対象同士の相互行為を表わすので、単数集合名詞を主語とすることはできないためです。

同様に、次の例を見てみましょう。

(22) a. *John hates one another.
      b.   John, Bill and Mary hate one another.
      c. *The committee hates one another.
      d. *Who hates one another?

「お互いに憎む」ことも、1人ではできず、複数の主体間の相互関係を表わします。そのため、(22a) は、主語が John 1人だけな

ので非文法的であり、(22b) は、主語が John, Bill and Mary の3人なので文法的です。次に (22c) では、committee「委員会」が、単数形動詞 hates を伴っているから、集合名詞です。しかし、hate one another は、主語に複数名詞を要求し、その名詞の指示対象間の相互関係を表わすから、単数集合名詞は、この制約を満たすことができず、非文法的となります。同様に (22d) も、who が単数集合名詞として機能していますが、hate one another が、主語に複数名詞を要求し、その名詞の指示対象同士の相互関係を表わすので、両者が合致せず、非文法的となります。

上の考察から、次の仮説をたてることができます。

仮説1

疑問代名詞 who の機能：疑問代名詞 who は、単数形普通名詞、単数形集合名詞の機能をもつ。

仮説2

主語に複数名詞を要求する動詞句には、単に複数主体の参加を表わすものと、複数主体間の相互動作、相互関係を表わすものの2種類がある。

a. 複数主体の参加を表わすもの：gather, assemble 等
b. 複数主体間の相互動作、相互関係を表わすもの：be alike, fight with each other, hate one another 等

(a) の動詞句は、単数形集合名詞を主語とすることができるが、(b) の動詞句は、相互動作、相互関係に参加する主体が複数であることを明示することを要求するから、単数形集合名詞を主語とすることができない。

疑問代名詞 who が単数形名詞としてしか使えないという仮説

1の制約は、実は、who だけの特殊な制約ではなく、他の疑問代名詞、すなわち、which と what にも当てはまる制約です。次の例を見てみましょう。

(23) Speaker A: Which *is/*are* going to win, the Democrats or the Republicans?
「民主党と共和党とで、どちらが勝つでしょうか？」

Speaker B: The Democrats *are/*is*.

(24) Speaker A: Between the Smiths and the Johnsons, which *is/*are* friendlier to you?
「スミス家の人たちとジョンソン家の人たちでは、どちらのほうがあなたにより親しいですか？」

Speaker B: The Johnsons *are/*is*.

(23A) では、聞き手の返事が複数名詞の the Democrats か the Republicans を主語とすること（たとえば、(23B)）が分かっていても、which は単数動詞を要求します。また (24A) でも、聞き手の返事が複数名詞の the Smiths か the Johnsons であること（たとえば、(24B)）が分かっていても、which は is を要求しています。同様に、次の例文を見てみましょう。

(25) What *is/*are* troubling you?

聞き手がいろいろなことで悩んでいることが話し手に分かっていても、話し手は are を使うことができません。このことは、what も単数動詞を要求することを示しています。

◇ 疑問代名詞と and

日本語の疑問代名詞「誰」は、次のように、等位接続の助詞「と」によって他の名詞句と自由につながれて用いられます。

(26) a. 今日<u>太郎と</u>誰に会ったの？
 b. 今日<u>誰と</u>誰に会ったの？

(26a, b) の「太郎と」、「誰と」は、「太郎と一緒に」、「誰と一緒に」のようにも解釈されますが、「太郎および」、「誰および」のようにも解釈されます。ところが、英語の疑問代名詞 who は、一般的に言って、等位接続の名詞句の中には現われません。

(27) a. **Who and John* did you see today?
 b. **John and who* did you see today?
 c. **Who and who* did you see today?

(26) と (27) の適格性の違いは、日本語の疑問詞が文頭へ移動しなくてもいいのに対し、英語の疑問詞が文頭へ移動しなければならない、という違いに原因があるものと思われますが、詳細は明らかではありません。

◇ 問い返し疑問文の特殊性

さて、英語の疑問文に「問い返し疑問文」と呼ばれるものがあります。これは、話し手が言った文の一部を聞き手が聞き取れなかったような場合、聞き手が聞き取れなかった部分を疑問詞で置き換える疑問文です。「問い返し疑問文」の特徴は、疑問代名詞が文頭へ移動しないこと、主語と助動詞の倒置が起こら

ないことです。たとえば、次の話し手 B の質問が、問い返し疑問文です。

(28) Speaker A: I saw Mary at Harvard Square today.
Speaker B: You saw *who* at Harvard Square?

(28) の話し手 B は、話し手 A が言った文で Mary の部分が聞き取れず、その部分を who に置き換えて質問しています。問い返し疑問文では、人称代名詞のスイッチ（話し手 A の I が、話し手 B の疑問文では、you にスイッチしている）や、指示代名詞、および場所を表わす表現のスイッチ（第 1 話者の this, here などを第 2 話者が that, there などにスイッチすること）が起こります。しかし、それ以外には、第 1 話者の発話の聞き取れた部分には変更を加えず、聞き取れなかったところだけを疑問詞に置き換える、というのが一般的な規則です。

　問い返し疑問文のこのような特殊性のために、普通の疑問文では許されないことが、問い返し疑問文では許されることが多くあります。たとえば、関係代名詞節の中に疑問詞を含んだ普通の疑問文は非文法的です（日本語にはこの制約がありません）。次の例を見てみましょう（文頭の疑問詞 which paper のもとの位置を *t* で示します）。

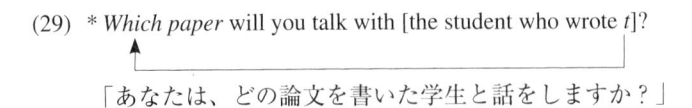

(29) * *Which paper* will you talk with [the student who wrote *t*]?
「あなたは、どの論文を書いた学生と話をしますか？」

この文のもとの構造は、次の (30a) であり、それに疑問詞移動が適用されると (30b) になり、それにさらに主語と助動詞の倒置が

起こり、(30c) (=29) の普通の疑問文が作られます。

(30) a.　　もとの構造：

You will talk with [the student who wrote *which paper*]

　　　　　　　　　　　　　　関係代名詞節

b.　　疑問詞移動：

Which paper you will talk with [the student who wrote *t*]

c.　　主語助動詞倒置：

*Which paper will you talk with [the student who wrote *t*]?

(＝29)

(29) の疑問文は、もう一度確認すると、関係代名詞節 (the student) who wrote which paper「どの論文を書いた（学生）」の中の疑問詞 which paper を文頭に移動し、主語助動詞倒置規則を適用してできた疑問文です。しかし、この文は、完全な不適格文です。ところが、次の会話の B に現われる問い返し疑問文は、完全な適格文です。

(31) Speaker A: I will talk with [the student who wrote that paper].
　　　Speaker B: You will talk with [the student who wrote *which paper*]?
　　　　　　　　「あなたは、どの論文を書いた学生と話をしますか？」

(31B) の問い返し疑問文が適格なのは、明らかに、which paper が

関係代名詞節の中から、文頭に移動していないためです。

さて、「疑問詞が等位接続名詞句の中に現われない」という (27) に例示した制約は、問い返し疑問文では自由に違反することができます。たとえば、次の会話を見てみましょう。

(32) Speaker A: I saw John and Mary today.
    Speaker B: (i) You saw *John and who*?
              (ii) You saw *who and Mary*?
              (iii) You saw *who and who*?

この会話の話し手 B の疑問文 (i) – (iii) は、いずれも文法的です。「聞き取れなかったところだけを疑問詞に置き換える」という規則に従えば、(32Bi) – (32Biii) は自動的にできあがるので、「who は等位接続名詞句の中では使えない」という規則に違反しても、それは許されるということになります。

◇ 問い返し疑問文の中の who と動詞

それでは、第 2 話者が聞き取れなかった表現が複数形動詞の主語であるときには、いったい何が起きるでしょうか。次の会話を見てみましょう。

(33) Speaker A: I think the graduating seniors are gathering in the park now.
    「卒業生たちは、今、公園に集まっていると思います。」
    Speaker B: a. (?) You think who *are* gathering in the park now?
              b. You think who *is* gathering in the park now?

話し手 B は、話し手 A が言った複数形動詞の主語 the graduating seniors が聞き取れず、その部分を who にして質問をしています。その場合、who に続く動詞はどうなるかというと、(33Bb) のように聞き取れた部分の are にも変更を加えて、「who は単数名詞である」という規則に従い、who is と言うのが一番普通です。しかし、(33Ba) のように、問い返し疑問文の一般的規則、すなわち、聞き取れなかったところだけを疑問代名詞で置き換える、という規則に従って the graduating seniors だけを who で置き換え、複数動詞 are はそのままにしておく、ということも可能です。この点は、(15a, b)（以下に再録）の普通の疑問文で、動詞が gather の場合、who は単数集合名詞として機能し、単数形動詞をとり、複数形動詞はとらない点と比べると、とても興味深いものです。

(15) a.　　Who is gathering in the park?
　　 b. ＊Who are gathering in the park?

同様に、次の会話を見てみましょう。

(34) Speaker A:　I think these two girls are very much alike.
　　 Speaker B:　a. (?) You think who are alike?
　　　　　　　　 b. ＊You think who is alike?

話し手 B は、話し手 A が言った複数形動詞の主語 these two girls が聞き取れず、その部分を who にして質問をしています。この場合は、(33Bb) と違い、聞き取れた are を is に変えると全く非文法的になります。この (34Bb) が全く非文法的な問い返し疑問文なのは、話し手 B が、問い返し疑問文の規則からいって、もともと変更すべきでない are alike を is alike に変えて非文法文 ((17a)

(以下に再録）を参照）を作り出したからです。一方、(34Ba) が適格文、あるいはそれに近い文であるのは、「問い返し疑問文では、聞き取れなかったところだけを疑問詞に置き換える」という規則が、「who は単数名詞でなければならない」という規則に優先するからです。この点は、(17a, b)（以下に再録）の普通の疑問文で、述語が be alike の場合、who が単数形動詞をとっても、複数形動詞をとっても非文法的になる点と比べると、極めて興味深いものです。

(17) a. *Who is alike?
   b. *Who are alike?

◇ Who か Whom か？

学校文法には、who は主格疑問代名詞、whom は目的格疑問代名詞であるから、目的語の位置に who を用いるのは間違いである、と書かれています。ところが、少なくともアメリカの日常会話で (35a) が聞かれることはほとんどありません。(35b) が通常の用法、すなわち、(35b) が正しい英語ということになります。

(35) a. *Whom* did you go out with?
   b. *Who* did you go out with?

「節の頭に移動した目的語機能の疑問代名詞は、who であって whom ではない」という上の一般規則は、実は、関係代名詞の who/whom にもあてはまる規則です。日常会話で次の (36a) を用いるのは、老人、小中高校の英語の先生ぐらいのもので、若い人が (36a) を用いると、「気取っている」、「古くさい」という印象を与えてしまいます。

(36) a. John married a girl *whom* he met at a party a month ago.
　　 b. John married a girl *who* he met at a party a month ago.

書きことばの英語では、依然として旧来の規則が通用していて、目的語機能の who は避けられていますが、これが書きことばの英語にも浸透するのは、時間の問題であるように思われます。

　さて、上の一般規則は、複数個の疑問詞を含んだ文で、文頭に移動しなかった疑問代名詞にもあてはまります。次の疑問文を見てみましょう。

(37) a. Who met *whom*?
　　 b. Who met *who*?
(38) a. Who worked with *whom*?
　　 b. Who worked with *who*?
(39) a. What happened to *whom*?
　　 b. What happened to *who*?

日常会話では、(37)–(39) で (b) の方が一般的で、(a) が用いられることはほとんどありません。

　ところが、「前置詞＋疑問代名詞」が文頭に移動した場合は、who は用いられず、whom が用いられます。

(40) a.　　*With whom* did you work on this?
　　 b. ??*With who* did you work on this?
(41) a.　　*From whom* did you hear about this?
　　 b. ??*From who* did you hear about this?

(40b) の with who, (41b) の from who は不自然であり、(40a), (41a) のように、with whom, from whom が用いられます。どうしてこのような一般規則が成立するようになったかは、明らかではありませんが、「前置詞 + 疑問詞」全体を文頭へ移動する構文は、前置詞を文末に残して疑問詞だけを文頭へ移動する構文（たとえば (35) を参照）と比べてやや古くさい感じがするので、そのような古くさい構文には、旧来の文法規則、すなわち、目的語の位置には who が使えない、という規則が残っているのかも知れません。

◇ Who with（=「誰と」）は可能か？

　英語が前置詞を用いるのに対して、日本語が後置詞（すなわち助詞）を用いることはよく知られています。[コラム③を参照]

(42) 日本語：花子　と　　（後置詞）
　　 英語：**with** Mary　（前置詞）

ところが、英語でも前置詞があたかも後置詞であるかのような用法を示す構文があります。それは、「間接疑問縮約」（Sluicing - John R. Ross という言語学者の命名による）と呼ばれる談話省略規則を受けた構文に見られます。間接疑問縮約は、疑問詞を含んだ文から、焦点情報（つまり、話し手が聞き手に最も伝えたい、強調すべき情報）のみを残して文脈から復元できる要素をすべて省略する規則です。たとえば、次の John went to Florida に続く３つの文を比べてみましょう。

(43)　John went to Florida,

  a. but I don't know with whom he went.

  b. but I don't know with whom ϕ .

  c. ??but I don't know with who ϕ .

(43a) は、間接疑問縮約が適用される前の文で、(43b, c) は、それが適用された文です。(43a) の he went は、第 1 文の John went から復元可能ですが、with は復元可能ではありません。したがって、間接疑問縮約が he went のみに適用し、(43b) ができます。(43c) の with who が非文法的な文に近いのは、文頭移動を受けた「前置詞＋疑問代名詞」が whom を要求すること、すなわち、(40b)［= ??With who did you work on this?］の適格性が低い理由と同じ理由によります。(ただし、(43c) が (43b) と同様、まったく適格な文であると判断する話し手もいます。このような話し手にとっては、間接疑問縮約は、with who(m) の文頭移動の後の構造—つまり、with whom が一般的な構造—に適用されてもよいし、文頭移動の前の構造—つまり、with who が一般的な構造—に適用されてもよいということになります。後者の場合、(43c) ができます。)

 次に、(44a) に間接疑問縮約が適用された場合を考えてみましょう。

(44) John went to Florida,

  a. but I don't know who he went with.

  b. but I don't know who ϕ with.

  c. *but I don't know whom ϕ with.

(43a) の場合と同様に、(44a) で文脈復元可能な要素は、he went のみです。これに間接疑問縮約が適用されると、(44b) ができま

す。(44c) の適格性が低いのは、文頭に移動した目的語の位置に whom を用いることが一般的でない古くさい英語用法であるのに対して、間接疑問縮約が極めて口語的なプロセスである、というスタイルの不釣り合いによるものと考えられます。(44b) で、who with の with が、あたかも who の後置詞のような機能を果たしていることに注意して下さい。発音上も who と with の間に顕著なポーズ（休止）はなく、who with があたかも１つの構成要素を成しているかのように一息で発音されます。

◇「疑問詞＋前置詞」パターンのさらなる例

(44b) のパターンは、下に示すように日常英語の随所に観察されます。

(45) Speaker A: John complained to his boss.
　　 Speaker B: *What about*?（「何について？」）
(46) Speaker A: I want to go to New York this weekend.
　　 Speaker B: *What for*?（「何のために？」）
(47) Speaker A: John called while you were out.
　　 Speaker B: *Where from*?（「どこから？」）
(48) John went out after dinner, but I don't know *where to*.
　　 「ジョンは夕食のあと出かけたけど、どこへかは知らない。」

上の (45B) – (47B) は間接疑問（文）縮約ではなく、直接疑問文縮約から生じたものですが、直接疑問文縮約は、「疑問詞を含んだ文から、焦点情報のみを残して文脈から復元できる要素をすべて省略する」規則という点で、間接疑問縮約と同じものです。この２つの規則をまとめて、「疑問文縮約規則」と呼ぶことにし

ます。

上の話し手 B の文に示したように、疑問文縮約の結果作られた「疑問代名詞 + 前置詞」構文の中には、少なくとも英語の一部の話し手の間で、それが前置詞句であると再分析されて、疑問副詞となってしまったものがあります。What for, where to, where from などがその例です。

(49) a. "*What for* did you kill Ferguson?" O'Brien demanded. "I haven't any patience for these unprovoked killings. And they've got to stop..."（実例）
「『なぜお前はファーグソンを殺したんだ？』とオブライエンが問いただした。『おれは、挑発されないでするこんな人殺しには我慢ができない。こんなことは、もう止めにしなければいけない…』」

b. So the libraries "began" shredding records. *What for* did they need to keep ANY of this information after the books/video/materials were returned to the library anyway?（実例）
「それで図書館はみな記録の細断破棄処理を始めた。問題の本・ビデオ・資料が返却されたあとで、なぜ図書館はこの情報のどれをも保存する必要があったのだろうか。」

(50) a. Where did it come from, and *where to* did it disappear? （実例）
「それはどこから来て、どこに消えうせたか。」

b. Hmmm... what kind of fonts? How & *where to* did you install them?（実例）
「フム、どんな種類のフォントですか。それをどうやってどこにインストールしたのですか。」

  c. Why and *where to* did you go?（実例）
   「なぜ、そしてどこにあなたは行ってしまったのですか。」

  d. When and *where to* did you send your request?（実例）
   「いつ、どこに、あなたのリクエストを送ったのですか。」

(51) When and *where from* did he arrive in Bangkok?
  「彼は、いつ、どこから、バンコックに着いたのか。」

上の例文はすべて、インターネットのウェブページから、英語を母語とする人が書いたものと判断できるものを選んで引用したものです。この種の文の適格度の判断には、大きな個人差があります。一般的に言って、年配の話し手は、これらの文を不適格と判断する人が多く、それほど強い拒否反応を示さないのは、若い話し手の一部やある地域の方言の話し手です。また一般的に言って、what for に対する抵抗のほうが、where to や where from に対する抵抗より強いようです。ただ、実際に (49)–(51) に示したような例文がかなりの頻度でインターネットのウェブページに現われているということ、また 30 代の話し手で、(51) のような文が完全に適格だと判断する人がいるという事実は、これらの「疑問詞＋前置詞」パターンの疑問前置詞句、いや、「疑問後置詞句」が、今英語の一部になりつつあることを示しているものと考えられます。

 日本語の助詞がたとえ限られた環境でも、前置詞として用いられるようになるなど、夢にも想像できません。たとえば、「何について」、「何のために」、「誰から」、「どこから」、「どこに」などが、「について何」、「のために何」、「から誰」、「からどこ」、「にどこ」などという交代形を許すようになるなど、あり得ない

ことです。この日本語では起こり得ない現象が、(49)–(51) に示したように、現に英語で起きているのです。これは、

(i) 英語の疑問詞の文頭移動が義務的であること、

(ii) 英語の前置詞が、日本語の助詞と比べて独立性が強く、(35b) (=Who did you go out with?) のように前置詞遊離構文を許すこと、

(iii) その結果生ずる前置詞とその目的語の語順が逆になるパターンの頻度数が、特に日常のくだけた話し言葉で高いこと、そして、

(iv) 文脈復元可能な要素をすべて省略する疑問文縮約が、(44)-(48) に示したように、文頭移動された疑問詞と遊離された前置詞を隣同士にすることが多い、

という4つの事実に原因があると考えられます。この英語の現象は、現に進行中の歴史的構文法変化として極めて興味深いものです。

コラム③：英語と日本語では語順が逆

　第7章で、英語の前置詞句に対して、日本語では後置詞句を用いるので、次のように語順が逆になることを見ました（前／後置詞句の中心となる要素、前／後置詞に下線を付し、他の要素を [ ] に入れます）。

(1) 　a. <u>from</u> [Tokyo]
　　　b. [東京] <u>から</u>

この点は、前／後置詞句だけでなく、次に示すように、動詞句、名詞句、形容詞句などにもあてはまります。

(2) 　動詞句
　　　a. <u>study</u> [English]
　　　b. [英語を] <u>勉強する</u>
(3) 　名詞句
　　　a. <u>pictures</u> [of Mary]
　　　b. [メアリーの] <u>写真</u>
(4) 　形容詞句
　　　a. <u>close</u> [to Boston]
　　　b. [ボストンに] <u>近い</u>

これらの例から、英語と日本語では語順が逆になっており、英語では、それぞれの句の中心となる要素が最初に来ますが、日本語ではそれが最後に来ることが分かります。また、(3a), (4a) の pictures と close の後ろの要素、[<u>of</u> Mary], [<u>to</u> Boston]

は、前置詞句であり、これらが日本語では「メアリー_の_」、「ボストン_に_」となり、ここでも語順が逆転していることが分かります。

　ここで注意したいのは、英語と日本語で語順が逆になっているのは、前置詞句、動詞句、名詞句、形容詞句などの「句」の中でのことであり、「文」においては、主語が、英語でも日本語でも文の最初に来るという点です。そのため、次のような文では、動詞句内の中でのみ、(2a, b) と同様に、語順が逆になります。

(5)　a. [_文_ John [_動詞句_ ate [pork]]]
　　　b. [_文_ ジョンが [_動詞句_ [豚肉を] 食べた]]

　それでは次に、関係節を含む少し長い次のような名詞句を見てみましょう。

(6)　a. a cat that killed a rat that ate cheese that was rotten
　　　b. くさっていたチーズを食べたネズミを殺した猫

(6a) では、それぞれの関係節の主語が先行詞になっているため、関係節内では主語がない形になっています。そのため、(6a) の英語を日本語に直すと (6b) のようになり、(6a) の英語を日本語では後ろから前へと逆に訳していかなければなりません。日本語には関係代名詞がないので、(6a) の関係代名詞 that を除けば、(6a, b) は、次に示すように、英語と日本語で語順がまったく逆転しています。

(7) a. 7) <u>a cat</u> that 6) <u>killed</u> 5) <u>a rat</u> that 4) <u>ate</u> 3) <u>cheese</u> that 2) <u>was</u> 1) <u>rotten</u>

b. 1) <u>くさって</u> 2) <u>いた</u> 3) <u>チーズを</u> 4) <u>食べた</u> 5) <u>ネズミを</u> 6) <u>殺した</u> 7) <u>猫</u>

それでは、次のような例はどうでしょうか。

(8) a. did not want to be made to read books
b. 本を読ませられたくなかった

この場合も主語がないので、(8a) の英語を日本語に直すと、後ろから前へと順に、逆に訳していかなければなりません。つまり、(8a, b) の英語と日本語も語順が逆転しています。この点を図示すると次のようになります。

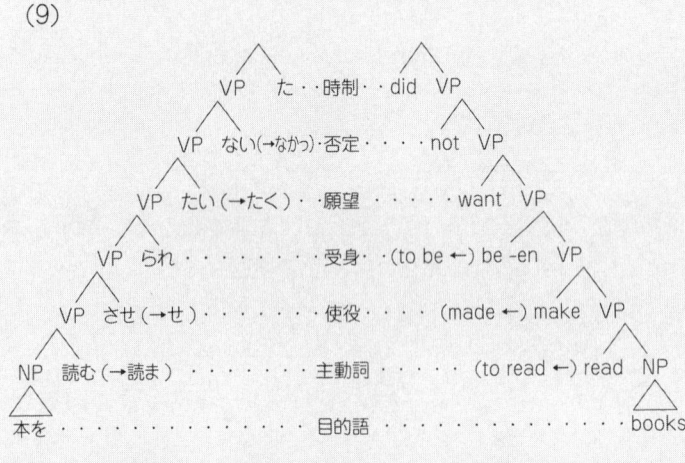

(9)

```
          VP   た‥時制‥ did VP
         VP  ない(→なかっ)・否定‥‥ not VP
        VP  たい(→たく)・願望‥‥‥ want VP
       VP  られ‥‥‥‥‥受身‥ (to be ←) be -en VP
      VP  させ(→せ)‥‥‥‥使役‥‥ (made ←) make VP
     NP  読む(→読ま)‥‥‥‥主動詞‥‥ (to read ←) read NP
    本を‥‥‥‥‥‥‥‥‥‥目的語‥‥‥‥‥‥‥‥‥‥ books
```

(9) の日本語では、目的語の「本を」に動詞「読む」が続き、それに使役を表わす「させ」が続いて「本を読ませ」となりま

す。その後に受身を表わす「られ」が続き、次に願望を表わす「たい」が続いて、「られたく」となり、そのあとに否定を表わす「ない」と過去時制を表わす「た」が続いて、「なかった」となります。一方 (9) の英語では、この語順がまったく逆になり、時制 (did)、否定 (not)、願望 (want)、受身 (be -en)、使役 (make)、主動詞 (read)、目的語 (books) の順に現われて、did not want to be made to read books となります。つまり、日本語と英語で表わされるそれぞれの要素がまったく逆の語順で現われており、美しい左右対称の鏡像関係を成しています。

第8章

A Blonde, Who... か
A Blonde, Which... か？

◈ 先行詞が人間なのに which？

　ある大学の入試問題に、「次の（　）の中に ①〜④ のうちから正しい関係代名詞を選びなさい」という問題が出題されています。

(1) As a result of working at the newspaper company, I met my future husband, (　) was also working there.
　　① when　　② which　　③ that　　④ who

正解は、もちろん ④ の who です。この本の読者の方々は、「そんなこと、分かりきっていますよ！ (1) は、my future husband の後ろにコンマがある非制限（継続）用法［＝先行詞の後ろにコンマを置く用法で、コンマの後ろの関係節が、先行詞の補足説明をするもの］なので、that を用いることができない。そして、先行詞が my future husband のように「人間」を指す場合は、関係代名詞に which が使えなくて、who を用いるのに決まっています！」と言われるでしょう。「先行詞が物の場合に用いる which や、先行詞が時を表わす表現の場合に用いる when など、論外です」と言われるかも知れません。実際、この入試問題が載っている高校生用参考書の解説欄には、「人間が先行詞なので、who を入れる」となっていて、「基本問題」と示してあります。

　学校文法では、先行詞が人の場合は、関係代名詞に who を用

い、先行詞が人以外のときには、関係代名詞に who を用いることができない、と教えられます。実際この規則は、下の例文が示すようにおおむね正しいものです。

(2) a. John married a blonde *who* (*which) he had met at a party only a month before.
   b. John married a blonde, *who* (*which) divorced him a month later.
(3) a. John liked the sweater *which* (*who) Mary gave him on his birthday.
   b. John liked the sweater that Mary gave him, *which* (*who) he wore every day.

(2) の関係節の先行詞は、人間の a blonde「金髪の女性」なので、関係代名詞に who は使えますが、which は使えません。同様に、(3) の関係節の先行詞は、人間以外のもの、つまり the sweater「セーター」なので、関係代名詞に which は使えますが、who は使えません。

それでは、次の文では、関係代名詞は who でしょうか、which でしょうか。

(4) I hear that John married a blonde, {*who, which*} Mary is not. Therefore, he couldn't have married Mary.
   「ジョンは金髪の女性と結婚したという話だが、メアリーは金髪ではないから、ジョンがメアリーと結婚したはずがない。」
(5) This loan program is for first-time buyers, {*who, which*} you don't seem to be.

「この住宅ローンは初めて家を買う人のためのものです。お客さまは、どうもそうではないようですね。」

読者の方々は、「どうしてこんなにくどくて、ばかな質問をするの？」と不審に思われるかも知れません。しかし、(4), (5) の正解は、who ではなく、which です。(4) の非制限関係節の先行詞は、ジョンが結婚した相手の金髪の女性を指すので、明らかに人を表わす名詞句です。同様に、(5) の非制限関係節の先行詞は、first-time buyers「初めて家を買う人」を指すので、明らかに人を表わす名詞句です。しかし、それでも、正解は、who ではなく、which です。つまり、先行詞が人間でも、関係代名詞に which を使い、who が使えない場合があるのです。どうして (4) や (5) で which が使えて、who が使えないのでしょうか。

◇ 総称名詞、特定名詞と不特定名詞

上の問いに答えるためには、不定名詞句（つまり、a 〜, some 〜などや冠詞のつかない複数形名詞句で、the 〜, his 〜や固有名詞ではない名詞句）が文の中でもつ意味機能から話を始めなければなりません。第6章で、次の例文を用いて、文の中での不定名詞句の1つの機能が、「総称名詞」解釈を表わすことであることを示しました。

(6) （文脈：ビーバーって、どんな動物？）

a. *A beaver* builds dams.
b. *Beavers* build dams.

(6a, b) の a beaver と beavers は、ビーバーという動物全体を指し、ビーバーならどんなビーバーでもよく、特定のビーバーを指し

ているのではありません。この意味解釈は、これらの表現が文の中で用いられて初めて与えられる解釈です。つまり、どんな可算名詞（＝数えられる名詞）でも、上のような、習慣的動作あるいは永続的状態を表わす述部と共に文中に現われれば、総称名詞解釈を受けることができます。

　一方、同じ不定名詞句が、過去の１回限りの出来事を表わすような述部と共に現われれば、総称名詞解釈ではなくて、「特定 (specific) 名詞」解釈を受けます。

(7)　a.　I saw a *beaver* in the zoo today.
　　　　 I saw a *hamster* at the pet shop today.
　　 b.　I saw *beavers* in the zoo today.
　　　　 I saw *hamsters* at the pet shop today.

これらの例の a beaver, a hamster と beavers, hamsters は、話し手が動物園で見た特定のビーバー、話し手がペットショップで見た特定のハムスターを指しており、そのような特定のビーバー、特定のハムスターが存在する、という意味で特定名詞として解釈されます。他のどんな不定可算名詞句でも、述部の内容によって、特定名詞解釈を表わすことができます。したがって、総称名詞解釈とか特定名詞解釈というのは、各単語について辞書で記述される意味ではなく、単語が不定冠詞と共に文に現われたり、複数形で文に現われたりするときに、初めて明らかになる意味です。

　次の文の中の不定名詞句 a hamster と (two) hamsters は、特定の指示対象をもちません。

(8)　a.　Daddy, can you get me *a hamster* for my birthday?

b. Daddy, can you get me *two hamsters* for my birthday?

(8a, b) の話し手は、ハムスターならどれでもいいから、誕生日のプレゼントに欲しいと父親に頼んでいるのであって、特定のハムスターが欲しいと言っているわけではありません。つまり、これらの文の a hamster と two hamsters は、不特定のハムスターです。この場合の解釈を「不特定名詞」解釈と呼びましょう。

以上をまとめると、a beaver, a hamster や beavers, hamsters のような名詞句は、形の上からは一律に「不定名詞句」と呼ばれますが、それがどのような文脈で用いられるかによって、

(i) 特定のビーバーやハムスターを指す場合（「特定名詞解釈」）と、

(ii) 特定のビーバーやハムスターを指さない場合

があります。

そして、後者はさらに、それが、

(iia) ビーバーやハムスターという動物全体を指す場合（「総称名詞解釈」）と、

(iib) 特定のビーバーやハムスター（特定の指示対象）が存在しない場合（「不特定名詞解釈」）

があることになります。

次の文の a doctor には、特定名詞解釈と不特定名詞解釈の両方が可能です。

(9)　I was looking for *a doctor*.

話し手が探していたのが特定の医者、たとえば話し手のかかりつけの医者だったのか（特定名詞解釈）、（誰でもいいから）医者の資格をもった人だったのか（不特定名詞解釈）は、この文

からだけでは分からず、両方の解釈が可能です。ところが、次の2つの文では、この多義性が、2番目の文で解消されています。

(10) a. I was looking for *a doctor*, but *he* was nowhere to be found.　特定名詞
「私は医者を探していたが、<u>彼</u>は、どこにも見つからなかった。」
b. I was looking for *a doctor*, and *one* was found in the neighboring town.　不特定名詞
「私は医者を探していたが、<u>1人</u>、隣の町で見つかった。」

(10a) の2つ目の文で he が用いられているということは、話し手が探していた医者と、居場所が分からなかった医者とが同じ医者であることを示しています。ということは、最初の文の a doctor は、特定の医者を表わしていることになります。したがって、(10a) の a doctor は、特定名詞解釈を受けます。一方、(10b) で、1人（の医者）が隣の町で見つかった、ということは、話し手が探していた医者が、特定の医者ではなく、医者なら誰でもいいという種類の医者だったことになります。したがって、この文の a doctor は、不特定名詞解釈を受けることになります。

　同様の例ですが、次の (11) の a blonde にも、特定名詞解釈と不特定名詞解釈の両方があり、曖昧です。しかし、それが (12a, b) の文脈で用いられると、どちらの解釈であるかが決まります。

(11) Joe wanted to marry *a blonde*.
「ジョーは、金髪の女性と結婚したかった。」

(12) a. Joe wanted to marry *a blonde*, but his parents didn't like *her*.
「ジョーは、金髪の女性と結婚したかったが、両親は、<u>彼女</u>が嫌いだった。」

b. Joe wanted to marry *a blonde*, but he couldn't find *one* in his town.
「ジョーは、金髪の女性と結婚したかったが、彼の町では<u>金髪の女性</u>を見つけられなかった。」

(11) では、ジョーが、もうすでにどの女性か決まっている女性、つまり「特定の金髪の女性」と結婚したかったのか、どの金髪の女性であるかを特定せず、金髪の女性となら誰とでも結婚したかったのか分かりません。しかし (12a) では、2 番目の文で、「両親は<u>彼女</u>が嫌いだった」と言っているので、a blonde が特定名詞解釈を受けていることが分かります。一方、(12b) では、2 番目の文で、「<u>金髪の女性</u>を見つけられなかった」と言っているので、a blonde が不特定名詞解釈を受けていることが分かります。

◇ 属性名詞

不定名詞句が文の中で与えられるもう 1 つの解釈に「属性解釈」があります。この解釈は (13) に示されているように、"X Be (Become) Y" パターンの Y が不定名詞句の場合、その名詞句に与えられる解釈です。

(13) a. John is a doctor.
b. John became a doctor.

(13a) は、「ジョンは医者である」、つまり、「医者という属性をもっている」(「医者という資格、性質が備わっている」) という意味です。また (13b) は、「ジョンは医者になった」、つまり、「医者という属性をもつようになった」という意味です。Y にこの解釈が与えられる "X Be (Become) Y" パターンの文を「属性認定文」(characterizational sentences) と呼ぶことにしましょう。

　属性認定文の Y は、不定名詞句に限られているわけではありません。次の文では、our best friends という定名詞句が、主語の指示対象の属性を表わしています。

(14) John and Mary are *our best friends*.

(14) は、ジョンとメアリーがどのような人であるかというと、私たちの親友であると述べています。つまり、2人の属性が述べられ、特徴づけ、性格づけがなされています。他方、次の文の Be 動詞のあとの名詞句は、属性名詞解釈を受けず、特定名詞解釈を受けています。

(15) I am *Bill Gates*.

(15) は、「私はビル・ゲイツという属性をもっている」という意味ではなく、「私とビル・ゲイツは、同一人物である」という意味です。つまり、「私」が誰であるかを認定する文です。このような「XとYとは同一（人）物である」という意味の "X Be Y" パターンの文を「同一性認定文」(identificational sentences) と呼ぶことにしましょう。

　以上をまとめると、属性認定文は、その主語指示物が、どのような人であるか、どのような属性、性質をもっているかを示す文であるのに対し、同一性認定文は、その主語指示物が誰であるかを示す文です。したがって、次の (16a) は、スミス先生がどのような人であるかを示しているので、属性認定文であり、(16b) は、私たちの英語の先生が誰であるかを示しているので、同一性認定文です。

(16) a. Mr. Smith is our English teacher. ［属性認定文］
　　　b. Our English teacher is Mr. Smith. ［同一性認定文］

属性名詞解釈の名詞句は、人間を表わす名詞が用いられても、he や she で置き換えることができません。

(17) George W. Bush is *the President of the United States*.
　　　　　　　　　　　　属性名詞

　［属性認定文］

　a.　　He has been *the President of the United States* since 2001.

　b.　　*He has been *him* since 2001.

　c.　　He has been *it* since 2001.

(17) の最初の文、George W. Bush is the President of the United States は、ジョージ・ブッシュがアメリカの大統領であるという、ジョージ・ブッシュの属性を述べる文です。この属性を表わす名詞句 the President of the United States は、(17b) が不適格であることから分かるように、him で置き換えることができません。もしこの名詞句を代名詞で置き換えるとすれば、(17c) が適格であることから分かるように、人間以外のものを指すときに使われる it が現われます。したがって、属性を表わす名詞句は、たとえそれが人間を表わす名詞句であっても、「人間」ではなくて、「無生物」扱いということになります。この点を次の仮説として、規則化しておきましょう。

---仮説 1---
　属性を表わす名詞句は、たとえそれが人間を表わす名詞句であっても、「人間」ではなく、「無生物」扱いになる。

同様に、次の文を見てみましょう。

(18) *The President of the United States* is *George W. Bush*.
　　　　　　属性名詞　　　　　　　　特定名詞
　　［同一性認定文］
　　a.　　**He* has been *him* since 2001.
　　b.　　*It* has been *him* since 2001.

(18) の最初の文は、(17) の最初の文が倒置してできたものであり、この文の the President of the United States は、(17) の場合と同様、George W. Bush の属性を表わしています。(18a) が不適格であり、(18b) が適格であることから、この名詞句も「人間」ではなくて、

第8章 A Blonde, Who ... か A Blonde, Which ... か？ 117

「無生物」扱いであることが分かります。これに対し、Be 動詞のあとの George W. Bush は特定名詞なので、代名詞 him で置き換えることができます。

さらに次の例も見て、上の点を確認しておきましょう。

(19) Speaker A: Who is *the President of the United States*?
    Speaker B: a. *It* is George W. Bush.
              b. **He* is George W. Bush.

(20) a. The President of the United States is George W. Bush, isn't *it* (**he*)?
    「アメリカ大統領は、George W. Bush ですね。」
  b. The President of the United States is a conservative Republican, isn't *he* (**it*)?
    「アメリカ大統領は、保守派の共和党員ですね。」

(19A) の the President of the United States は、「アメリカ大統領」という官職を表わしているので、属性名詞です。そのため、先の仮説1が予測するように、人間を表わす名詞句ですが、無生物扱いなので、話し手Bは、それをitで受け、heで受けるこ

とができません。(20a) も同様であるため、付加疑問文でそれを it で受け、he で受けることができません。それに対し、(20b) の the President of the United States は、アメリカ大統領になっている「人」を表わしているので、特定名詞です。そのため、(20a) とは逆に、付加疑問文でそれを he で受け、it で受けることができません。

上の観察から、(21A) と (22A) の違いが明らかとなります。

(21) Speaker A: *Who* are you?（同一性認定文）
　　　　　　　特定名詞
　　　Speaker B: I am *John Smith*.（同一性認定文）
　　　　　　　特定名詞
(22) Speaker A: *What* are you?（属性認定文）
　　　　　　　属性名詞
　　　Speaker B: I am *a doctor*.（属性認定文）
　　　　　　　属性名詞

Who are you? と What are you? の違いは、Who are you? が同一性認定文、What are you? が属性認定文で、この 2 つの質問の who は特定名詞、what は属性名詞、ということになります。

◇ A Blonde, Who と A Blonde, Which

ここで、本章の冒頭で述べた問題に戻って、次の文を考えてみましょう。

(23) a.　　John married a blonde, *which* Mary is not.
　　 b.　　*John married a blonde, *who* Mary is not.

(23) では、ジョンが結婚した特定の金髪女性が存在するため、a blonde は明らかに「人間」を指す特定名詞です。それなのに、どうして (23) の文の非制限関係節の関係代名詞として which が用いられ、who が用いられないのでしょうか。

この疑問に答えるために、この2つの文が表わそうとしている意味を非制限関係節を用いないで言い換えてみましょう。すると、次のようになります。

(24) John married *a blonde*, but Mary is not *a blonde*.
　　　　　　　　特定名詞　　　　　　属性名詞

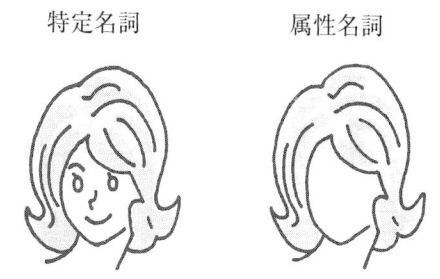

ここで、(24) の後半の文の a blonde は属性名詞です。そのため、この後半の文が非制限関係節になれば、a blonde が「人間以外」の which になり、who にはなり得ないというわけです。

ここで強調しておかなければならないのは、who か which かの選択の基準は、先行詞（つまり、(24) の前半の文の a blonde）が人間か人間以外か、ということではなくて、関係代名詞で置き換えられるべき名詞句（つまり、(24) の後半の文の a blonde）が、関係節の中で、「人間」を表わす名詞句として機能しているか、「人間以外のもの」を表わす名詞句として機能しているか、ということです。この点をここで仮説2としてまとめておきましょう。

> **仮説2**
>
> 関係代名詞に who を用いるか which を用いるかの選択の基準は、先行詞が「人間」か「人間以外のもの」を表わすかによるのではなくて、関係代名詞で置き換えられるべき名詞句が、関係節の中で、「人間」を表わすか「人間以外のもの」を表わすかによる。
> 前者の場合は who、後者の場合は which が用いられる。

これで、本章冒頭で見た次の文も同様に説明できます。

(25) This loan program is for first-time buyers, *which* (*who) you don't seem to be. (=5)
「この住宅ローンは初めて家を買う人のためのものです。お客さまは、どうもそうではないようですね。」

(25) が表わそうとしている意味は、次のようになります。

(26) This loan program is for *first-time buyers*, but you don't seem to
　　　　　　　　　　　　　　　総称名詞

be a *first-time buyer*.
　　属性名詞

前半の文の first-time buyers は、「初めて家を買う人」一般を指すので、総称名詞解釈であり、後半の文の a first-time buyer は、属性名詞です。属性名詞は、たとえそれが人間を表わす名詞句であっても、「無生物」扱いなので、a first-time buyer を置き換えるのに which が用いられ、who は用いられません。ここで、先行詞 first-time buyers が総称名詞であることは、関係代名詞に who が

用いられるかwhichが用いられるかの選択には、無関係です。また、先行詞は複数名詞ですが、whichで置き換えられた名詞句は単数形であることにも注意して下さい。

次に、先行詞が人間を表わす名詞句で、非制限関係節にwhichが用いられる例をもういくつかあげておきましょう。

(27) a. We are looking for *experienced language teachers*,
　　　　　　　　　　　不特定名詞

　　　but this applicant is not *an experienced language teacher*.
　　　　　　　　　　　　　　　　　　属性名詞

　b. We are looking for experienced language teachers, *which* (*who) this applicant is not.
　　「私たちは経験豊かな語学の先生を求めています。でもこの応募者はその資格を満たしていません。」

(28) a. My father is *a college teacher*, but I don't want to become
　　　　　　　　　　属性名詞

　　　a college teacher.
　　　　属性名詞

　b. My father is a college teacher, *which* (*who) I don't want to become.
　　「私の父は大学教師ですが、私は大学教師にはなりたくありません。」

(27)では、先行詞が複数不特定名詞（experienced language teachers）、whichで置き換えられた名詞句が単数属性名詞（an experienced language teacher）です。属性名詞は、たとえそれが「語学の先生」という人間を表わす名詞であっても、「無生物」

扱いなので、(27b) の関係代名詞には who が用いられず、which が用いられます。(28) では、先行詞（a college teacher）が属性名詞、which で置き換えられた名詞句（a college teacher）も属性名詞です。よって、(28b) の関係代名詞にも who は用いられず、which が用いられているわけです。

◇ What は「人間」でも指せる？

先行詞を含む関係節、いわゆる「自由関係節」[＝ what, when, where などの wh 表現、あるいは whatever など、-ever がついた wh 表現によって導かれ、先行詞のない関係節] と呼ばれるもののひとつに what を用いた次のような関係節があり、「～であるもの／こと」という意味を表わします。

(29) a. *What I hope you will cook* is roast duck.
「料理して欲しいものは、カモの丸焼きです。」
b. The Bible is *what I read every day*.
「聖書は、私が毎日読むものです。」
c. *What I am doing now* is yoga.
「私が今していることは、ヨガです。」

これらの文では、what I hope you will cook, what I read every day, what I am doing が、「私が料理して欲しいもの」、「私が毎日読むもの」、「私がしていること」と訳されることから分かるように、what が、roast duck や the Bible や yoga などの「物・こと」、つまり「人間以外のもの」を指しています。高校の英語の時間に、「上のような構文の what は、the thing that の意味です」と説明されたのを覚えている読者が多いことと思いますが、この言い換えは、(29a-c) にずばりあてはまります。

これに対し、「人間」を指す文脈でwhatを使おうとすると、当然、次のような非文法的な文になります。

(30) a. *_What I married_ was a blonde.
   b. *_What they appointed to the position_ was a mechanical engineer.
   「彼らがその職に採用したのは、機械エンジニアだった。」
   c. *_What I met yesterday_ was a policeman.

結婚したり、ある職に採用されたり、人が会うのは、すべて「人間」です。つまり、(30a-c) の marry, appoint to the position, meet は、人間以外のものを表わす名詞句を目的語とすることができません。そのため、the thing that I married「私が結婚した物」、the thing that they appointed to the position「その職に採用した物」、the thing that I met「私が会った物」は非文法的です。したがって、the thing that と同じ意味の what が用いられた (30a-c) も非文法的である、ということになります。

それでは、次の文は、Be動詞のあとに人間を表わす名詞句が現われているのに、どうして適格なのでしょうか。

(31) a. _What I saw in the yard_ was a little boy wearing a baseball cap.
   「私が庭で見たのは、野球帽をかぶった小さな男の子だった。」
   b. _What you need_ is a caring wife.
   「あなたが必要なのは、気づかってくれる奥さんです。」

c. *What I care most about* is you.

「私が一番気づかっているのは、あなたです。」

非文法的な (30a-c) と文法的な (31a-c) を比べてみると、(30) の動詞は、目的語として人間を表わす名詞句しかとれないのに対して、(31) の動詞は、人間を表わす名詞句でも、人間以外のものを表わす名詞句でも、目的語としてとれることが分かります。次の文は、そのような動詞が、人間以外のものを目的語としてとっており、まったく普通の正しい英文です。

(32) a. I saw *a dog* in the yard; I saw *a red soccer ball* in the yard.
  b. You need *some rest*; you don't need *any more money*.
  c. I care about *the future of our country*.

したがって、(31a-c) が適格なのは、先に述べた規則、すなわち、what は the thing that である、という規則によって説明できます。実際、これらの動詞は、人間以外のものを指す自由関係節で自由に用いられます。

(33) a. What I saw in the yard was *a red soccer ball*.
  b. What you need is *some rest*.
  c. What I care about is *the future of our country*.

しかし、the thing that で置き換えられる自由関係節が人間を指すとき、いつでも適格文ができるというわけではありません。たとえば、次の談話を見て下さい。

(34) I care about Mary. I care about Jane. I care about Tom, too.

??But what I care most about is you. (cf. 31c)

上の談話の最後の文は適格ではありません。この文脈では、(35a) か (35b) を用いなければなりません。

(35) a. The person that I care most about is you.
b. I care most about you.

その理由は、(34) の最初の３つの文で、談話のトピック（つまり、何について話しているか）が、「何のことを気づかっているか」ではなくて、「誰のことを気づかっているか」であることが明らかだからです。その文脈で、「私が一番気づかっている<u>物</u>」が出てくるのは、おかしいわけです。同様に、次の文脈を見てみましょう。

(36) I didn't see Jane in the park. I didn't see Tom there, either.
??What I saw there was only Bill.

上の談話でも、最初の２つの文から、談話のトピックが、「公園に何があったか」ではなくて、「公園に誰がいたか」であること

が明らかです。その文脈で、「私が見た物」が出てくるのはおかしいので、自由関係節文が不適格と判断されるわけです。

上の観察から、(31a-c) が適格文であると判断されるのは、(i) 先行文脈の話題が、「見た<u>物</u>」、「必要な<u>物</u>」、「気づかっている<u>物</u>・<u>こと</u>」であったと想定するのが容易であるため、あるいは、(ii) 話し手、または聞き手が「見ることを予期していたもの」、「必要であると予期していたもの」、「気づかっていることを予期しているもの」が、「人間」ではなくて「人間以外のもの」である、と想定することが容易であるためだと考えられます。実際、たとえば (31a) は、愛犬が庭で吠えているので、野良犬(人間以外のもの)にでも吠えているのかと思って窓から外を見たら、野球帽をかぶった小さな男の子がいた、というようなシーンを記述しているような文です。そして、話し手は、what I saw in the yard という自由関係節を用いることによって、庭に人間以外のものが入り込んできたことを予期していた、というニュアンスを表わしています。

先に、(30a-c)(以下に再録)は、marry, appoint, meet が人間以外のものを表わす名詞句を目的語にとれないので、自由関係節が非文法的となり、その結果、これらの文全体が非文法的になる、と説明しました。

(30) a. **What I married* was a blonde.

   b. **What they appointed to the position* was a mechanical engineer.
   「彼らがその職に採用したのは、機械エンジニアだった。」

   c. **What I met yesterday* was a policeman.

ところが、人間を表わす名詞句しか目的語にとれない動詞 marry, appoint などを含んだ自由関係節文が、文法的となる場合（例外的な場合）があります。次の文を見てみましょう（✓マークは、無印と同様、それが付された文が適格であることを示します）。

(37) a. ✓Mary wanted to marry a medical doctor, but *what she ended up marrying* was a linguist.
「メアリーは医者と結婚したいと思っていたが、彼女が結婚することになったのは、言語学者であった。」
b. ✓/?They were looking for a nuclear physicist, but *what they ended up appointing to the position* was a mechanical engineer.
「彼らは核物理学者を求めていたが、彼らが結果的にその職に採用することになったのは、機械エンジニアであった。」

(37a) はまったく問題のない適格文です。(37b) は、やや不自然である、という話し手もいますが、独立文としての (30b) とは比較にならないほど適格性が高い文です。

ここで、たとえば (37a) を自由関係節を用いないで言い換えると次のようになります。

(38) ... but she ended up marrying *a linguist*.
　　　　　　　　　　特定名詞

人間を表わす名詞句が、特定名詞として用いられているときには人間扱いなので（たとえば、(20b) のアメリカ大統領の例（=

The President of the United States is a conservative Republican, isn't *he* (*it)?)を参照)、それを人間以外のものを表わす what で置き換えることはできないはずです。それにもかかわらず、(37a) は完全に適格な文で、(37b) もやや不自然という程度で、適格文かそれに近いものであるのはなぜでしょうか。

　(37a), (37b) の後半の自由関係節文を適格文としている要因は、この２つの文の前半が問題にしているのが、結婚相手と被採用者の資格・職業である、ということです。この文脈のため、これらの文の marry, appoint は、「たまたま医者である人と結婚する、たまたま機械エンジニアである人を採用する」というよりは、むしろ「医師業と結婚する、機械工学専門を採用する」というような資格・職業を目的語にとる動詞であると拡張解釈されたものと考えられます。この説明が正しいかどうかはさらなる考察を必要としますが、この２つの文の適格性は、極めて興味深い事実であり、なおかつ、英文法の謎がつきないことを如実に示していると言えます。

第9章

「僕はウナギだ」と
"I am the Hamburger"

　日本語の面白い表現に、「僕はウナギだ」という言い方があります。この文には、夏目漱石の『我が輩は猫である』式の、話し手がウナギであると言う意味もあります。本章で問題にするのは、この意味の「僕はウナギだ」ではなくて、たとえば、何人かでレストランに入り、その1人が注文する料理がウナギの場合に用いる「僕はウナギだ」という表現です。英語では、これに相当する表現は、非論理的であり、用いられないとこれまで言われてきました。しかし、英語にも、実は、これに相当する表現、たとえば "I am the hamburger" という言い方があり、実際に用いられています。

　このような日本語と英語の「名詞ハ＋名詞ダ」、「名詞＋ Be 動詞＋ the 名詞」という表現は、どのようにしてできるのでしょうか。英語の "I am the hamburger" というような表現は、どのような状況で、どのように用いられるのでしょうか。本章ではこのような問題を考え、明らかにします。

◇ 英語と日本語の分裂文

　英語には、文中のある語句を強調したいとき、その強調したい語句を「It is/was [X] that/who ...」の X の位置に入れて表わす「強調構文」と呼ばれる文型があります。たとえば、(1a) の普通の文で、目的語の the car key を強調したいときは、(1b) の強調構文が用いられます。

(1) a. John lost *the car key*.
    b. It was *the car key* that John lost.

(1b) の強調構文は、先行する文脈で、「ジョンが何かをなくした」ことが話し手と聞き手の間で了解されていて、そのなくしたものが「車の鍵」であることを強調し、車の鍵以外の何ものでもないことを言い表わすときに用いられます。そのため、ジョンが車の鍵以外に、たとえば財布もなくしたような状況で、次のように強調構文を使うことはできません。

(2) a. *It was the car key, *too*, that John lost.
    b. It was the car key that John lost. *It was *also* his purse (that he lost).

さて、(1b) のような強調構文は、「分裂文」（Clefts または It-Clefts）とも呼ばれます（cleft は、cleave（「まっぷたつに割る、裂く」）の過去分詞形）。なぜそう呼ばれるかというと、もう自明のことですが、(1a) の強調すべき情報（これを「焦点情報」と言います）the car key が、文の他の部分から切り離されて、"it was [X] that ..." の X の位置に置かれているからです。

分裂文の X の位置には、the car key のような無生物を表わす名詞句だけでなく、人間を表わす名詞句も現われますし、また名詞句だけでなく、前置詞句や（特殊な）形容詞句も現われることができます。

(3) a. I talked with *John* yesterday.
    b. It was *John* who I talked with yesterday.（人間）

(4) a. John went *to Paris* last summer.
   b. It's *to Paris* that John went last summer.（前置詞句）

(5) a. We've painted the kitchen *dark green*.
   b. It's *dark green* that we've painted the kitchen.（形容詞句）

　英語には、分裂文のほかに、「疑似分裂文」(Pseudo-Clefts または *Wh*-Clefts) と呼ばれる文型があります。この文型は、「What-節 is/was X」という形をとります。

(6) a. John lost *the car key*.
   b. What John lost was *the car key*.

(6b) は、(1b) と同様に、ジョンがなくしたのが車の鍵であることを強調し、車の鍵以外の何ものでもないことを言い表わしていますが、「What-節 was X」という形をとっているので、疑似分裂文です。疑似分裂文も、分裂文と同じように、what-節が表わす内容（(6b) では、John lost something）が話し手と聞き手の間で了解されていて、Be 動詞のあとに現われる名詞句が、焦点情報を表わすときに用いられます。
　疑似分裂文には、Xの位置に動詞句や形容詞句は現われますが、人間を指す名詞句や、前置詞句は現われません。

(7) a. John *watched TV* after dinner.
   b. What John did after dinner was *watch TV*.（動詞句）

(8) a. John is *arrogant*.

b.　What John is is *arrogant*.（形容詞句）

(9)　a.　John talked with *Mary*.
　　　b.　*What John talked with was *Mary*.（人間）

(10)　a.　John always puts bananas *in the freezer*.
　　　b.　*What John always puts bananas is *in the freezer*.
　　　　　（前置詞句）

(7b), (8b) の疑似分裂文では、X の位置に動詞句（watch TV）と形容詞句（arrogant）が現われており、適格です。しかし、(9b), (10b) の疑似分裂文では、X の位置に人間を指す名詞句（Mary）と前置詞句（in the freezer）が現われており、不適格です。

　日本語にも、伝統的に「疑似分裂文」と呼ばれている文型があります。この文型は、「... のは X だ／です」という形をとります。次の (b) 文がその例です。

(11)　a.　私は車の鍵をなくしてしまった。
　　　b.　私がなくしてしまったのは車の鍵だ。（無生物）

(12)　a.　山田がすぐ電話をしてくれた。
　　　b.　すぐ電話をしてくれたのは山田だった。（人間）

(13)　a.　太郎は冷凍庫の中にバナナを入れる。
　　　b.　太郎がバナナを入れるのは冷凍庫の中にだ。
　　　　　（後置詞句）

(14)　a.　山田が冷蔵庫の中からバナナを取り出した。

b. 山田がバナナを取り出したのは冷蔵庫の中からだった。
（後置詞句）

(11) – (14) に示したように、この文型のXの位置には、無生物だけでなく、人間を指す名詞句も現われますし、後置詞句も現われますから、この文型は、英語の疑似分裂文よりも、分裂文により類似しています。本章では、英語の (1) – (5) と日本語の (11) – (14) の文型の文を共に「分裂文」と呼ぶことにします。

◇ 疑問詞疑問文に対する答え

分裂文は、日本語でよく疑問詞疑問文（「誰」、「何」など、疑問詞を用いた疑問文）に対する答えに用いられます。次の応答を考えてみましょう。

(15) 話し手A: 君、今どんな本、読んでるの。
　　 話し手B: a. 探偵小説を読んでる。
　　　　　　　b. 今読んでいるのは探偵小説だ。（分裂文）
　　　　　　　c. φ　探偵小説だ。

(16) 話し手A: 君、誰からその話を聞いたの。
　　 話し手B: a. 山田から聞いた。
　　　　　　　b. この話を聞いたのは山田からだ。（分裂文）
　　　　　　　c. φ　山田からだ。

(17) 話し手A: おじさん、今なに釣ったの。
　　 話し手B: a. ウナギを釣ったのだよ。
　　　　　　　b. 今釣ったのはウナギだ。（分裂文）
　　　　　　　c. φ　ウナギだ。

話し手Bは、(a) では、話し手Aの質問と同じ文型を使って答え、(b) では、分裂文を使って答えています。(b) 文は、(a) 文に勝るとも劣らない自然な答えです。(b) 文の主語「... は」（例えば、(15) の (b) では「今読んでいるのは」）は、話し手Aの質問から容易に復元できます。この主語を省略してできたのが、(c) 文です。つまり、日本語によく使われる「... だ／です」文型は、分裂文の主語が省略されてできたパターンである、ということになります。

英語の疑問詞疑問文に対して分裂文パターンを使って答えることは、普通できません。次の応答を見てみましょう。

(18) Speaker A: What are you reading now?
　　 Speaker B: a. I'm reading a detective story.
　　　　　　　　b. A detective story.
　　　　　　　　c. * It's a detective story that I'm reading now.
　　　　　　　　　（分裂文）
　　　　　　　　d. ?? It's a detective story.

(19) Speaker A: What did you buy for Mary?
　　 Speaker B: a. I bought a Hermes scarf for her.
　　　　　　　　b. A Hermes scarf.
　　　　　　　　c. * It was a Hermes scarf that I bought for her.
　　　　　　　　　（分裂文）
　　　　　　　　d. ?? It was a Hermes scarf.

(18a), (19a) は、話し手Aの問いの文型をそのまま使った答えであり、英語では、これが最も問題のない回答パターンです。

(18b), (19b) は、焦点情報（つまり、質問に対する答え）のみを残して、文脈から復元できる他の要素はすべて省略してできた答えです。しかし、答えが文になっていないので、くだけた会話環境でしか使えません。次に、(18c), (19c) は、分裂文パターンを用いた答えですが、冗長度が高すぎることもあって、話し手 A の質問に対する答えとしては不適格です。(18d), (19d) は分裂文の that- 節を省略してできた答えです。冗長さがなくなっているので、(18c), (19c) に比べれば、やや適格性が高いのですが、話し手 A の問いに対する答えとしては、依然として適格性が低いものです。

かといって、that- 節が省略された分裂文パターンの答えが英語で不可能というわけではありません。次の応答を比べてみましょう。

(20) Speaker A:　　Where do you swim?
　　 Speaker B:　?? It is in the local pool.

(21) Speaker A:　　Where did you swim yesterday?
　　 Speaker B:　?? It was in the local pool.

(22) Speaker A:　　Where did you first learn to swim?
　　 Speaker B:　　It was in the local pool.

(23) Speaker A:　　Where did you meet your wife for the first time?
　　 Speaker B:　　It was in Paris.

(20B), (21B) は、(18d), (19d) と同様に適格性が低い回答です。しかし、興味深いことに、(20B), (21B) を適格度が低いと判断する

話し手（つまり、英語の話し手の大部分）の中に、(22B), (23B) はまったく自然な回答だと判断する話し手がいます。(20B), (21B) の回答と (22B), (23B) の回答はどこが違うのでしょうか。それは、前者では、現在の習慣や昨日のことが述べられているのに対して、後者では、「あなたが水泳を最初に習ったのはどこですか？」、「あなたが奥さんに初めて会ったのはどこですか？」という質問から分かるように、遠い過去のことが話題になっているという点です。

同様に、次の4つの応答を比べてみましょう。

(24) Speaker A:　　What college do you go to?
　　 Speaker B:　　?? It is Harvard.

(25) Speaker A:　　What college did you go to?
　　 Speaker B:　　It was Harvard.

(26) Speaker A:　　What do you teach?
　　 Speaker B:　　?? It is chemistry.

(27) Speaker A:　　What did you teach?
　　 Speaker B:　　It was chemistry.

(24B), (26B) は英語の話し手の大部分にとって適格性が低い回答ですが、(25B), (27B) はまったく自然な回答だと判断する話し手がかなりいます。前者では、(20B), (21B) と同様に、現在の習慣、状態が話題になっているのに対して、後者では、遠い過去の出来事が話題になっています。したがって、英語の一部の話し手にとって分裂文パターンの回答が適格であるのは、遠い過去の

第9章 「僕はウナギだ」と "I am the Hamburger"　137

出来事が話題になっているような状況であるように思われます。これは、分裂文が、物語的トーンをもっていることに原因があります。

　このことを示すために、次の分裂文を見て下さい。

(28) a. It was in the local pool that I first learned to swim.

　　 b. It was Harvard that I went to.

　　 c. It was chemistry that I taught.

これらの分裂文は、遠い過去の出来事を述べているので、まったく自然な文であり、物語的トーンをもっています。実際、(22B), (23B), (25B), (27B) が適格文であると判断する話し手たちは、このパターンの返事の使用は、話し手 B がこれから昔話を始めるという合図になっているという判断をします。たとえば、話し手 B の次の２つの返答パターンを比べてみましょう。

(29) Speaker A: Where did you meet your wife for the first time?

　　 Speaker B: a. I met her for the first time in Paris.

　　　　　　　　 b. It was in Paris.

話し手 B の返事 (a) は、話し手 A が求めている情報を与えるだけの返事で、話し手 B は奥さんとの最初の出会いについて、それ以上何も言わないかも知れません。一方、返事 (b) は、話し手 B の、パリでの奥さんとの最初の出会いについての物語が始まる、ということを強く示唆します。

　(28) の分裂文は、上に述べたように、遠い過去の出来事を述べる物語調の適格文ですが、次の分裂文は、近い過去や現在の出来事を記述しています。

(30) a. It was in the local pool that I swam yesterday.
   b. It is Harvard that I go to.
   c. It is Chemistry that I teach.

そのため、これらの分裂文は、物語調にはふさわしくなく、「ぎょうぎょうしい」表現であるという印象を与えます。そして、(20B), (21B), (24B), (26B) の適格性が低いと判断されるのは、この理由によるものと考えられます。

　上に示したように、疑問詞疑問文に対する分裂文回答の使用は、英語では極めて制限されていますが、英語の一部の話し手にとって (22), (23), (25), (27) が適格な応答である、ということは、英語にも、日本語の「おじさん、今なに釣ったの？―ウナギだ。」((17) 参照) と同じ応答パターンがあることを示しています。

◇「僕はウナギだ」

　中年の男が、デパートの食堂階の和食レストランに 1 人で入ったとしましょう。若いウェイトレスがテーブルに来て、次の会話が行なわれたとします。

(31) ウェイトレス：何を召し上がりますか。
　　 男： a.　ウナギをお願いします。
　　　　 b.　ウナギだ。
　　　　 c. ＊僕はウナギだ。

(31b) の「ウナギだ」は、ぶしつけな注文の仕方ですが、よく聞かれる発話です。これは、(32) に示す分裂文の「...は」が省略

されてできた文に違いありません。

(32) ［僕がお願いするのは］ウナギだ。
　　 ［僕が食べるのは］ウナギだ。
　　 ［僕が注文するのは］ウナギだ。

上の状況で、(31c) の「僕はウナギだ」が用いられることはありません。
　次に、中年の会社員が3人連れ立って和食レストランに入った場合を考えてみましょう。

(33) ウェイトレス：何を召し上がりますか。
　　 会社員A：　　僕は天ぷらをお願いします。
　　 会社員B：　　僕はトンカツをお願いします。
　　 会社員C：　　僕はウナギだ。

この状況で、会社員Cが「僕はウナギだ」と言うのは、まったく自然です。(31) の状況で「僕はウナギだ」と言えなくて、(33) の状況で「僕はウナギだ」と言えるということは、この表現の中の「僕は」は、対照を表わす「Xは」であることを示してい

ます。(33) の３人の会社員は、注文がそれぞれ自分ひとりのものであって、他の２人を含まないことを示すために、他の２人と比較対照する「僕は」を用いているのです。したがって、(33C) は、次のような構造から、分裂文の主語「... は」を省略することによって生じた文であると考えられます。

(34)　[[僕は]対照主題 [(僕が) 注文するのは]分裂文主語 ウナギだ]
　　　　　　　　　　　↓
　　　　　　　　　　　φ

(31) で「僕はウナギだ」と言えないのは、発話者が１人客なので、「僕は」を比較対照する相手がいないからです。

　ウェイトレスが天ぷら、トンカツ、ウナギの料理を盆にのせてテーブルに戻ってきて、誰にどれを渡せばよいのか戸惑っているとき、会社員たちは、次のように言うことができます。

(35)　会社員 A： 僕が天ぷらです。
　　　会社員 B： 僕がトンカツです。
　　　会社員 C： 僕がウナギだ。

客１人１人を注文料理と結びつけるときには、「僕はウナギだ」パターンが使われ、テーブルに運ばれてきた料理１つ１つを客に結びつけるときには、「僕がウナギだ」パターンが使われることに注意して下さい。これは、前者では、それぞれのお客が何を注文するのかを述べようとしているのに対し、後者では、それぞれの料理を誰が注文したかを述べようとしているためです。

◇ "I am the Hamburger"

　英語にも「僕はウナギだ」に対応する表現があります。それは、たとえば、レストランで用いられる次のような表現です。

(36) a. I am the hamburger.
　　 b. I am the Italian sub.（Italian sub は、長いロールパンに冷肉、チーズ、野菜をはさんだサンドイッチ）［コラム④を参照］
　　 c. I am the cheeseburger.

「僕はウナギだ」と同様に、2人あるいはそれ以上の注文客がいて、2つ、あるいはそれ以上の注文の品がなければ、上の表現は使えません。そして、注文の品には、不定冠詞 a が使えず、定冠詞 the が使われます。ところが上の英語の表現は、「僕はウナギだ」と異なり、複数の注文客に複数の注文品が配られるときにしか使えず、注文するときには使えません。つまり、日本語の (35) に見られる「僕がウナギだ」パターンに対応しています。おそらく、これらの表現は、次のような表現の短縮形として使われるようになったのでしょう。

(37) I am [the person who has ordered] the hamburger/Italian sub/cheeseburger.

「僕はウナギだ」の英語版は、レストラン文脈だけでなく、次のような文脈でも使うことができます。

(38) a. 文脈：美容師が、座って順番を待っている客に2時の予約の人は誰か尋ねる。
　　　I'm the 2 o'clock.
　　　「私が2時です。」
　b. 文脈：駐車場係員が、入ってきた客に、駐車されている車のどれがその人のものか尋ねる。客は、メルセデスベンツを指さしながら答える。
　　　I'm the Mercedes-Benz.
　　　「私はメルセデスベンツです。」
　c. 文脈：バス運転手が乗客に順次、どこまで行くか尋ねる。
　　　I'm London.
　　　「私はロンドンです。」
　d. 文脈：ある大学生が他の大学生にどの学科に属しているか尋ねる。
　　　I'm physics.
　　　「私は物理学です。」
　e. マンションの管理人が住人の1人に郵便箱の番号を尋ねる。
　　　I'm 317.
　　　「私は317です。」

(38c-e) には、the のついていない名詞が現われていますが、これは、これらの名詞が the をとらない名詞であって、なおかつ、the を伴う名詞と同様、その指示対象が明らかだからです。

　(38a-e) の用例を見てみると、(38a) は明らかに「僕がウナギだ」パターンですが、(38b) は、「僕はウナギだ」パターンなのか、「僕がウナギだ」パターンなのか、定かではありません。どうして、"I'm the Mercedes-Benz" が「僕がウナギだ」パターンの解釈ができるかというと、レストランで注文した料理が運ばれてきた状況と同じように、駐車場係員が駐車場に並んでいる自動車を客に渡そうとしていると想定すれば、「私がメルセデスベンツです」、つまり「僕がウナギだ」パターンの文と解釈することができるからです。ところが、(38c) の文脈では、「私がロンドンです」という解釈を与えることは困難で、「私はロンドンです」という解釈を与えざるを得ません。ということは、英語の "I am X" 構文にも、「僕はウナギだ」解釈が可能である、ということです。

　先に、"I am the hamburger" は、注文するときには使えず、注文したものが配られるときにしか使えない、つまり、「僕はウナギだ」解釈としては使えず、「僕がウナギだ」解釈でしか使えない、と述べました。しかし、(38c) が適格文である、ということは、英語のこのパターンの用法が、「僕がウナギだ」に限られているわけではないことを示しています。なぜ、料理を注文するときに「僕はウナギだ」解釈の文として "I am the hamburger" が使えないのか、定かではありません。おそらく、このパターンの文を食べ物屋で使用するのは、ハンバーガー店やサンドイッチ店のカウンターで、できあがったもの、たとえばチーズバーガーを注文した人に渡す状況から始まったもので、「そのチーズバーガーを注文したのは、私です」(つまり「僕がチーズバー

ガーだ」）という情報を迅速に伝える必要性から生まれた表現であると考えられます。これが、英語の "I am the hamburger" パターンの起源という想定です。ところが、カウンターで順番がきた注文客は、たとえそれが数人のグループの 1 人であったとしても、カウンターで注文するときには、1 人の独立客で、グループの 1 人という感覚が注文客にも、注文を受け取る側にもありません。そのため、1 人客が日本の料理店で料理を注文するとき、「僕はウナギだ」と言えないのと同じ理由で、"I am the cheeseburger" と言えないものと考えられます。

　それでは、グループ客がテーブルに座って順々に食べるものを注文するとき、どうして、"I am the sirloin steak" と言えないのか、というと、英語のこのパターンの文の使用は、次々と迅速に情報を与える必要があるような状況に限られているため、テーブルに座って食事をするような状況にはまだ浸透していない、という理由によるものと考えられます。他方、(38c) の状況は、バスの乗客が運転手に順次、行き先を伝えるという状況で、乗客全員がグループをなし、乗客の 1 人 1 人が、自分を他の乗客と対照して、運転手に行き先を伝えることが許されます。なおかつ、この状況は、迅速な情報伝達が好ましい状況です。「僕はウナギだ」解釈の "I am London" がこの状況で使用可能なのは、この理由によるものと考えられます。

コラム④：Submarine sandwich って何？

　マクドナルドのハンバーガーやケンタッキーフライドチキンは、日本でもうお馴染みですが、最近はスターバックス・コーヒー（Starbucks Coffee）のチェーン店も日本に多く、そこでコーヒーを飲むことを「スタバる」と言ったりする若者言葉まで生まれています。また、最近はサブウェイ（Subway）のチェーン店も日本で見かけるようになってきました。この「サブウェイ」というのは、もちろん、「地下鉄」ではなく、sub という食べ物に way をつけた店の名前です。Sub というのは、（皮の部分が堅くて厚い）長いロールパン（イタリアン・ロールやフランスパン）に冷肉（ローストビーフ、チキン、ターキー、ベーコン、ハムなど）、チーズ、野菜（トマト、レタス、タマネギ、きのこなど）をはさみ、ドレッシングやマヨネーズなどをかけて食べる食べ物です。アメリカでは、サブを売る店やサブをピザと一緒に売る店がいろんな所にあり、多くの人が昼食などでサブを食べています。そして、ロールパンの中に何をはさむかによって、Italian sub, steak sub, steak and cheese sub, roast beef sub, turkey sub, turkey and Swiss cheese sub, ham sub, chicken sub, cheeseburger sub など、さまざまな種類があり、中には、classic Italian sub, hot beefeater sub, honey bacon club sub, honey mustard chicken with bacon sub, veggie sub など、多くの名前がつけられています。

　パンに肉や野菜をはさむ点では、sub はサンドイッチの一種ですが、なぜ sub と呼ばれるのでしょうか。それは、sub が、submarine（「潜水艦」）に形が似ているからで、sub は submarine の短縮形です。そのため、sub と短縮形で呼ばれる

だけでなく、submarine や submarine sandwich とも呼ばれています。また、sub は、その形が、「魚雷(ぎょらい)」やツェッペリン（ドイツの軍人・飛行船操縦者）が考案した「（ツェッペリン型）飛行船」にも似ていることから、torpedo（「魚雷」）とか、zep（Zeppelin の短縮形で「（ツェッペリン型）飛行船」）とも呼ばれていますが、これらの呼び方は地域差が大きく、sub ほど一般的ではありません。

　Sub は、pizza と同様に、もともとイタリアのものであり、イタリア系アメリカ人が最も多く住むアメリカ北東部ではさまざまな名前で呼ばれています。たとえば、メイン州では、Italian sandwich と呼ばれ、ニューイングランドの他の地域（つまり、メイン州を除くコネチカット、マサチューセッツ、ロードアイランド、ヴァーモント、ニューハンプシャー）、さらにカリフォルニアのサクラメントでは、しばしば grinder と呼ばれたりもしています。ただ、grinder は、普通、オーブンで焼かれたサブを指します。また、マサチューセッツ州、ボストンのイタリア人が多い地域では、spucky と呼ばれています。この spucky という単語は、イタリア語で spuccadella と呼ばれるロールパンの名前に由来しています。また、sub がとても大きいので、全部を食べるにはヒーローが必要だということから、ニューヨークでは hero とか hero sandwich と呼ばれることもよくあります。一方、フィラデルフィアやニュージャージーの南部を含むデラウェア州の地域では、hoagie（「ホウジー」）、マイアミでは Cuban sandwich、そしてフロリダ、アラバマ、ミシシッピ、ルイジアナ、テキサスなどでは poor boy（「ポーボーイ」）と呼ばれ、ニューオーリンズでは、その poor boy にフライにしたカキ（fried oyster）が入っているそうです。

　アメリカは広いとはいえ、ひとつの食べ物がこんなにたくさ

んの違った名前で呼ばれるのは、興味深く思われます。

第10章

There 構文の意味上の主語
——本当に「不特定の名詞句」しか用いられないか?——

　中学や高校でいわゆる there 構文が教えられると、there 構文の「意味上の主語」は、何を指すのか特定されていない語句、たとえば、a book, some books などの名詞句や interesting books のような冠詞のつかない複数形名詞句でなければならないと教えられます。言い換えれば、the book, his/her/their friends のように特定の事物を指す名詞句や、Mary, Boston のような固有名詞は、there 構文の意味上の主語としては用いられないと教えられます。本章では、この点が実は間違いであることを示し、there 構文の意味上の主語がどのような意味機能をもち、どのような場合に適格となるかを明らかにします。

◇ 2種類の主語

　There が用いられた次のような文では、there は「形式上の主語」で、本当の（意味上の）主語は、be 動詞の後ろのイタリック体で示した名詞句であると言われています。

(1) a. There is *a book* on the table.
　　b. There was *a big earthquake* last night.
　　c. There were *many people* in the concert hall.

There が形式上、「主語」であることは、次の2点から明らかで

す。

(i) Be 動詞を含む文を疑問文にするには、主語と be 動詞を倒置しますが、(1) のような文を疑問文にすると、下記のように there と be 動詞が同様に倒置します。

(2) a. Is *he* a college student?
　　 b. Is *there* a book on the table? (cf. 1a)

(ii) Be 動詞を含む肯定文を付加疑問文にするには、「be 動詞の否定短縮形＋主語」を肯定文の後ろにつけますが、(1) のような文を付加疑問文にすると、下記のように、まったく同様に「be 動詞の否定短縮形＋ there 」がつきます。

(3) a. He is a college student, isn't *he*?
　　 b. There is a book on the table, isn't *there*? (cf. 1a)

これに対し、「主語と動詞の数の一致」に関しては、形式ばった文体では、(4a) のように、意味上の主語との間で一致が起こり、くだけた文体では、(4b) のように、意味上の主語が複数でも、there との間で一致が起こり、動詞が単数形になります（類例として (8B), (37B) も参照）。

(4) a. There *are three cats* in the room.
　　 b. *There's* three cats in the room.

◈「意味上の主語」は不特定の名詞句だけ？

さて、中学や高校で (1a-c) のような文が教えられると、「意味上の主語は、a 〜, some 〜など、何を指すのか特定されていない

語句、つまり、不特定の人や物を表わす語句でなければならない」と教えられます。言い換えれば、意味上の主語は、「不定名詞句」でなければならないと教えられます。そのため、*the* book, *your* brother のように、話し手と聞き手の間で何を指すかが特定されている名詞句や、John, Mt. Fuji のような固有名詞は用いられないと言われます。言い換えれば、意味上の主語は、「定名詞句」であってはならないと言われます。ある高校生用の英文法書には、「次の文の誤りを正し、正しい文に書き換えなさい」という問題が載っています。

(5) a. ＊There is the book on the table.

b. ＊There are my sisters on the hill.

c. ＊There stood the old castle in the woods.

The book, *my* sisters, *the* old castle は、特定の物や人を指す定名詞句なので用いられず、これらの文は、The book is on the table., My sisters are on the hill., The old castle stood in the woods. としなければならないというものです。

しかし、このような説明に対して、次に述べる２つの疑問がわいてきます。ひとつは、(5a-c) の文は、誤りでも間違いでもなく、まったく正しい文であるという点です。これらの文は、次のように、the book 等の後ろにコンマを置いた方がいいのですが、(5a-c) のままでコンマがなくても、適格な文です。

(6) a. There is the book, on the table.

b. There are my sisters, on the hill.

c. There stood the old castle, in the woods.

次の例でも同様で、特定の人や物を指す定名詞句（the girl, Mt. Fuji）が現われています。そして、there と is が短縮されて There's となり、会話では頻繁に用いられる文です。

(7) a. There's *the girl*.
    b. Look! There's *Mt. Fuji*.

第2の疑問点として、次のような会話において、固有名詞の John and Mary や the のつく名詞句（the leftover apple pie from last night）が there とともに用いられていますが、これらの例は、まったく適格であるという点です。

(8) Speaker A: I guess everybody is here now.
      「もうみんな来ているようですね。」
    Speaker B: No, there's still *John and Mary*.
      「いいえ、ジョンとメアリーがまだ来ていません。」
(9) Speaker A: I'm hungry. Is there anything to eat?
      「お腹すいた。何か食べる物ある？」
    Speaker B: Well, there's *the leftover apple pie from last night*.
      「えーっと、昨日の夜の残りのアップルパイがあります。」

以上のような例は、中学や高校で教わってきた事柄、つまり、there 構文で用いられる意味上の主語は不定名詞句でなければならないという説明とは別の現象なのでしょうか。あるいは、そのような説明は、間違いなのでしょうか。(5a-c) の各文は、中学、高校では間違いだと言われてきたのに、どうして間違いではな

く、適格文なのでしょうか。(7)-(9) は、the を伴う名詞句や固有名詞が there とともに用いられているのに、どうして適格なのでしょうか。

◇ there の２つの用法

第１の疑問から考えることにしましょう。まず、there には２つの用法があることに注意しなければいけません。１つは、文の形式上の主語として機能する用法で、この there には、「そこ」、「あそこ」という場所の意味がありません。もう１つは、副詞として機能する用法で、この there は、「そこ」、「あそこ」という意味です。前者は、通例、[ðə(r)] と弱く発音されますが、後者は、[ðέ(r)] と強く発音されます。これら２つの there は異なる用法なので、次のように両者が１つの文に一緒に現れる場合もあります。

(10) a. *There* was no one *there*. (そこには誰もいなかった。)
    形式主語　　　　そこに
   b. *There* was a watch *there*. (そこに時計があった。)
    形式主語　　　　そこに

形式上の主語として機能する there に「そこ」、「あそこ」という場所の意味がないことは、there が、次のように、「ここ」という場所の副詞 here とともに用いられる点からも明らかです。

(11) *There*'s a problem *here*. (ここに問題がある。)

また、このような there が形式上の主語として機能している点は、本章冒頭で触れたように、疑問文で be 動詞と倒置が起き、付加

疑問文になると、there が現われることからも明らかです。

(12) a. *Is there* any sugar?
b. There is some sugar, isn't *there*?

さて、場所の副詞 there は、here と同様に、ある人や物の存在の場所を示して、次のように用いられます。

(13) a. Mary is *there*.（メアリーがあそこにいる。）
b. The book I want is *there*.（私の欲しい本があそこにある。）

(14) a. The boy is *here*.（その少年は、ここにいます。）
b. My brother comes *here*.（弟が（こっちへ）やってきた。）

ここで興味深いことは、これらの例は、副詞の there/here と主語が倒置し、次のようにも表現される点です。そしてこれらの表現は、会話で頻繁に用いられます。

(15) a. *There*'s Mary.（あそこにメアリーがいる。）
b. *There*'s the book I want.（あそこに私の欲しい本がある。）

(16) a. *Here*'s the boy.（ここにその少年がいます。）
b. *Here* comes my brother.（弟が（こっちへ）やってきた。）

(15a, b), (16a) では、There's 〜, Here's 〜となっていますが、この there や here は場所の副詞であり、短縮されて 's となっている is

は、倒置を受けた単数の主語名詞句 Mary, the book I want, the boy と数の一致をしています。したがって、倒置された主語名詞句が複数形であれば、動詞は複数主語と一致し、次のように are や come が用いられ、is や comes は用いられません。

(17) a.　　Here/There *are* John and Mary.
　　 b.　＊Here/There *is* John and Mary.
(18) a.　　Here *come* my brothers.
　　 b.　＊Here *comes* my brothers.

ここで、(13)–(18) の主語が人称代名詞の I や you（さらに he, she, they）の場合は、次のように、副詞の there や here が移動するだけで、I や you は be 動詞の直前のままで、倒置が起こらないことに注意して下さい。

(19) a. You are *there*.
　　 b. I am *here*.

(20) a. *There* you are.
　　 b. *Here* I am.

もし、(19a) で主語と副詞の there とが倒置し、次のようになると、there は、もはや場所の副詞ではなく、形式上の主語として機能することになります。

(21) There's you/me.

さて、(15a, b) の文のパターンは、前節で述べた第１の疑問点、

つまり、次の文パターンと同じです。

(4) a. There's *the girl*. (あそこにその少女がいる。)
    b. Look! There's *Mt. Fuji*. (見て！あそこに富士山が見える。)

すなわち、(4a, b) で用いられている there は、形式上の主語の there ではなく、場所を表わす副詞の there です。主語指示物の存在場所を表わす文では、主語の位置に定名詞句が現われるのが普通です。(4a, b) の主語に、the girl, Mt. Fuji のような定名詞句が用いられているのは、そのためです。同様に、(5), (6)（(6) を以下に再録）が、コンマの有無にかかわらず適格なのは、たとえば、「そこにその本がある」と言い、さらにそのあとで、「そこ」を明示的に「そのテーブルの上に」と述べているためです。

(6) a. *There* is *the book*, on the table.
       そこに　　主語
    b. *There* are *my sisters*, on the hill.
       そこに　　　主語
    c. *There* stood *the old castle*, in the woods.
       そこに　　　　主語

以上から、第1の疑問は解消しました。つまり、これまで中学や高校で教わった事柄、「意味上の主語は不定名詞句でなければならない」というのは、there が形式上の主語として機能している場合のことであり、第1の疑問点は、この説明に対して問題を投げかけるものではないことが分かりました。

◇ 定名詞句も現われる

それでは、第2の疑問点はどうでしょうか。(8), (9)（以下に再録）を見て下さい。

(8) Speaker A: I guess everybody is here now.
「もうみんな来ているようですね。」

Speaker B: No, there's still *John and Mary*.
「いいえ、ジョンとメアリーがまだ来ていません。」

(9) Speaker A: I'm hungry. Is there anything to eat?
「お腹すいた。何か食べる物ある？」

Speaker B: Well, there's *the leftover apple pie from last night*.
「えーっと、昨日の夜の残りのアップルパイがあります。」

(8) では、「もうみんな来ているようですね」という話し手 A に対して、B が「いいえ、ジョンとメアリーがいます（まだです）」と言っているので、there は、「そこ／あそこ」という意味の副詞ではなく、形式上の主語であることが明らかです。また (9) でも、「お腹がすいているので、何か食べる物ある？」と尋ねる話し手 A に対して、B が「昨日の夜の残りのアップルパイがあるよ」と答えているので、there は、場所の意味をもたない形式上の主語です。そして重要なことは、John, Mary のような固有名詞や *the leftover apple pie from last night* は、何を指すかが特定されている定名詞句です。したがって、(8), (9) が適格であるということは、これまで中学、高校で教わってきた事柄、つまり、「there が主語として機能している文の意味上の主語は、不定名詞句でなければならない」という説明が、実は間違いであることを示してい

◇ 意味上の主語は「新情報」

　それでは、(8), (9) の there 構文では、意味上の主語に定名詞句が用いられているのに、なぜ適格なのでしょうか。(8) で、話し手 A は、話し手 B が John and Mary という固有名詞を使っているため、ジョンやメアリーが誰かを当然知っています。しかし、話し手 A は、ここでは、「もうみんな来ているようですね」と言っているので、ジョンとメアリーがまだそこに来ていないことを知りません。そのため、話し手 B は、A に、彼らがまだだということを知らせています。(9) も同様で、話し手 A は、話し手 B が *the* leftover apple pie from last night という、the のついた定名詞句を使っているので、そのアップルパイがどれであるかを了解しています。しかし、話し手 A は、ここでは、「何か食べる物ある？」と尋ねているので、そのアップルパイが残っていることに気がついていません。そのため、話し手 B は、A にそのアップルパイがあるということを思い出させ、知らせています。このように、(8), (9) の話し手 B の表現は、聞き手（= 話し手 A）が了解している人や物（そのため、固有名詞や定名詞句表現）を、聞き手がその存在を忘れているような文脈で、再び思い出させる働きをしています。よって、そのような文脈では、意味上の主語は、聞き手が知らなかった情報、つまり、「新情報」を表わしています。

　この点をより明確にするために、次の２つの概念を区別し、それらの定義づけをしておきましょう。

(22) 照応性：ある名詞句が指し示す事物が、すでに話題にのぼっていたり、その事物が話し手や聞き手によく知ら

れている場合、その名詞句は、「照応的」（anaphoric）である。つまり、ある名詞句の指示対象が決定できる場合、その名詞句は照応的である。
(23) 新情報／旧情報：文中のある名詞句や他の要素が、聞き手にとって文脈から予測することができない情報を表わしておれば、それは「新情報」であり、文脈から予測することができる情報を表わしておれば、それは「旧情報」である。

具体例を日本語で示すと、次のようになります。また、それらを整理すると、(28) の表のようになります。

(24) 話し手Ａ： 太郎はまだ独身ですか？
　　 話し手Ｂ： はい、<u>彼</u>はまだ独身です。
　　　　　「彼」─照応的／旧情報

(25) 話し手Ａ： 誰が再婚の相手を探しているのですか？
　　 話し手Ｂ： 山田部長が<u>再婚の相手</u>を探しているのです。
　　　　　「再婚の相手」─非照応的／旧情報

(26) 話し手Ａ： 太郎と花子と夏子のうちで、誰が一番背が高いですか？
　　 話し手Ｂ： <u>太郎</u>が一番背が高い。
　　　　　「太郎」─照応的／新情報

(27) 話し手Ａ： 留守中、誰か訪ねて来ましたか？
　　 話し手Ｂ： はい、<u>僕の知らない女の人</u>が訪ねて来ました。
　　　　　「僕の知らない女の人」─非照応的／新情報

(28)

	照応的	非照応的
旧情報	A：太郎はまだ独身ですか？ B：はい、<u>彼</u>はまだ独身です。 (=24)	A：誰が再婚の相手を探しているのですか？ B：山田部長が<u>再婚の相手</u>を探しているのです。(=25)
新情報	A：太郎と花子と夏子のうちで、誰が一番背が高いですか？ B：<u>太郎</u>が一番背が高い。(=26)	A：留守中、誰か訪ねて来ましたか？ B：はい、<u>僕の知らない女の人</u>が訪ねて来ました。(=27)

(24B)の「彼」は、すでに話題にのぼっている「太郎」を指す代名詞で、その指示対象が分かっているので、照応的です。また、「彼」が、「Xはまだ独身です」のXの位置に現われることも聞き手（＝話し手A）は文脈から予測できます。したがって、「彼」は、照応的で旧情報です。これに対し、(25B)の「再婚の相手」は、その指示対象が決定できない（つまり、特定の再婚相手がまだ決まっていない）ので、非照応的です。しかし、それが「山田部長がXを探しているのです」のXの位置に現われることは、聞き手（＝話し手A）は、自分が尋ねた質問から予測できます。そのため、「再婚の相手」は、旧情報です。一方、(26B)の「太郎」は、すでに話題にのぼっている人を指すので照応的ですが、「太郎」が、「Xが一番背が高い」のXの位置に現われることを聞き手（＝話し手A）は文脈から予測できません。した

がって、この文の「太郎」は、照応的ですが、新情報です。他方、(27B) の「僕の知らない女の人」は、聞き手（＝話し手A）がその指示対象を決定できないから非照応的であり、さらにそれが、「Xが訪ねて来ました」のXの位置に現われることを聞き手（＝話し手A）は文脈から予測できません。したがってこの名詞句は、非照応的で、新情報です。

　以上の定義と説明から、(8), (9)（以下に再録）の問題となる名詞句を再度確認しておきましょう。

(8)　Speaker A:　I guess everybody is here now.
　　　　　　　　「もうみんな来ているようですね。」
　　　Speaker B:　No, there's still *John and Mary*.
　　　　　　　　「いいえ、ジョンとメアリーがまだ来ていません。」

(9)　Speaker A:　I'm hungry. Is there anything to eat?
　　　　　　　　「お腹すいた。何か食べる物ある？」
　　　Speaker B:　Well, there's *the leftover apple pie from last night*.
　　　　　　　　「えーっと、昨日の夜の残りのアップルパイがあります。」

(8) の John and Mary は、話し手や聞き手が知っている人物なので、照応的ですが、聞き手（＝話し手A）が文脈から予測することのできない情報を表わしているので、新情報です。また、(9) の the leftover apple pie from last night も、話し手や聞き手がどのアップルパイであるか分かっているので、照応的ですが、聞き手（＝話し手A）は、そのアップルパイが残っていて、今食べられるということを知らなかったので、文脈から予測できない情報を表わしており、新情報です。

以上の点が分かると、there 構文の意味上の主語が、多くの場合、なぜ不定名詞句であるかも分かってきます。次の例を見てみましょう。

(29) Speaker A: I'm hungry. Is there anything to eat?
　　　Speaker B_1: Well, there's *an apple pie*.
　　　Speaker B_2: Well, there's *the leftover apple pie from last night*.
　　　　　　(=9B)

「何か食べる物ある？」と尋ねる話し手 A に対して、話し手 B_1, B_2 は、共に何があるかを答えています。つまり、次の X にあたる部分が何であるかを答えています。

(30) There is X (to eat).

話し手 B_1 は、その X が、聞き手（＝話し手 A）の知らない不特定のアップルパイであり（その点で、非照応的）、話し手 B_2 は、その X が、聞き手の知っている、昨日の夜の残りのアップルパイである（その点で、照応的）と答えています。ただ、どちらの場合も、これらの名詞句が X の位置に現われると、(30) は、X が聞き手にとって何であるか知らないことを表わす文となります。したがって、これらは、文脈から予測できない情報、つまり新情報を表わしています。この点をまとめると、次のような表になります。

(31)

	照応的	非照応的
旧情報		
新情報	Well, there's *the leftover apple pie from last night*.	Well, there's *an apple pie*.

よって、there 構文の意味上の主語は、発話の時点で、聞き手にとって新情報を表わすものであることが分かります。そして、(29B$_1$), (29B$_2$) が共に適格となります。

(31) の表に示したように、There 構文の意味上の主語の位置には、照応的名詞句（たとえば、the leftover apple pie from last night）、非照応的名詞句（たとえば、an apple pie) のいずれでも現われることができます。照応的名詞句は、次の例が示すように、自由に新情報を表わすことができます。

(32) a. Hi Mary, I saw *your brother* at Harvard Square a minute ago.
   b. Hi Mary, I am looking for *Bill*. Do you know where he is?

(32a) の your brother は、話し手も聞き手もその指示対象を決定できる名詞句なので、照応的名詞句です。しかし、話し手がハーバードスクエアで1分前に誰にあったかを聞き手は文脈から予測できないので、your brother は、この文で新情報を表わします。同様に、(32b) の Bill は、話し手も聞き手も知っている人を指すので、照応的名詞です。しかし、Bill が I am looking for の目的語の位置に現われるということを、メアリーは文脈から予測することができません。したがって、Bill もこの文で、新情報を表わ

します。

　もし、照応的名詞句が、上に示したように、自由に新情報を表わすことができるのなら、There 構文の意味上の主語の位置に、非照応的名詞句が現われる場合が圧倒的に多く、(8B) や (9B) のような照応的名詞句（すなわち、定名詞句）が現われる場合がまれなのは、いったいどうしてでしょうか。まれであるからこそ、「There 構文の意味上の主語には、不定名詞句（すなわち非照応的名詞句）しか現われない」というような間違った規則づけが行なわれたりするわけです。

　この謎を解く鍵は、「There 構文が何かの存在を表わす文である」という、このパターンの文がもっている特殊な意味的機能にあります。照応的名詞句は、その指示対象を話し手も聞き手も決定できる名詞句です。ということは、その指示対象が存在するということが照応的名詞句の前提になっています。

　一方、There 構文の意味上の主語の位置には、指示対象の存在を聞き手が知らないか、忘れているような名詞句しか現われません。There 構文の意味上の主語の位置に照応的名詞句が現われるのが比較的まれなのは、存在することを話し手も聞き手も前提としているようなものの存在を、聞き手が知らないか忘れていると話し手が想定できる状況が限られているからだと思われます。

　実際、次の３つの文が文脈なしで与えられたとき、英語の話し手は、非照応的名詞句を意味上の主語とした (33a) は適格、照応的名詞句を主語とした (33b), (34) は不適格と判断します。

(33)　a.　　There was *a big earthquake* last night. (=1b)
　　　b.　　*There was *the big earthquake* last night.
(34)　　　?/??There was *John, Mary, Linda* and *Mike*, and quite a few

people I didn't know at the party last night.

ただ、(33b) と (34) はどちらも不適格ですが、英語の話し手は、(33b) の方が (34) より不適格性がひどく、(34) は、(33b) ほどにはひどくないと言います（その違いを * と ?/?? で表わしています）。これはなぜでしょうか。

(33b) が不適格と判断されるのは、話し手も聞き手も体験した前の晩の地震の存在を聞き手が忘れてしまっていて、話し手が聞き手にそれを思い出させなければならない、という状況が起こりにくいためです。それでも、それに近い状況を作り出すことは可能です。次の例を見て下さい。

(35) Speaker A: When was the last time you witnessed any horrible acts of God?
「あなたが神の恐ろしい仕業を最後に目の当たりにしたのはいつですか？」

Speaker B: Well, there was *the big earthquake* last night.
「えーっと、昨晩、大地震があった（のがそうです）。」

(36) Speaker A: What made him suddenly decide to move back to New York?
「なぜ彼は突然ニューヨークに引っ越す決心をしたのですか？」

Speaker B: Well, there was *the big earthquake* last week, and a really bad fight with his girlfriend too.
「えーっと、先週、大地震があり、その上、ガールフレンドと大喧嘩をしたためです。」

(35) の会話では、話し手 A が話し手 B に、「神の恐ろしい仕業を最後に目の当たりにしたのはいつですか？」と尋ねているため、聞き手（＝話し手 A）は、there was X の X の部分に、自分も体験した前の晩の地震が現われることを文脈から予測できません。そのため、the big earthquake は、聞き手にとって新情報なので、(35B) の発話は適格となります。同様に、(36) の会話では、話し手 A が話し手 B に、「なぜ彼は突然ニューヨークに引っ越す決心をしたのですか？」と尋ねているので、聞き手（＝話し手 A）は、there was X の X の部分に、自分も体験した先週の地震が現われることを文脈から予測できません。そのため、the big earthquake は、聞き手にとって新情報なので、(36B) の発話も適格となります。

　(33b) は、上でも述べたように、話し手も聞き手も体験した地震の存在を聞き手が忘れてしまっていて、話し手が聞き手にそれを思い出させなければならない、というような状況が起こりにくいため、単独では不適格と判断されます。それに対して、(34) が (33b) ほどにはひどくない文として判断されるのは、ジョンやメアリーたちのパーティーでの存在を聞き手が知らないと話し手が想定することに、何の無理もないためです。実際、次のような会話はよく聞かれるものですし、そのような会話の状況がなくても、(34) が、(37A) のような暗黙の質問の答えであると想定することが容易であるため、(34) は (33b) ほどにはひどくない文と判断されるわけです。

(37) Speaker A: Who was at the party last night?
　　　Speaker B: Oh, there was *John, Mary, Linda* and *Mike*, and quite a few people I didn't know.

(37B) の there 構文が適格な理由は、すでに明らかなように、話し手 A が昨夜のパーティーに誰がいたかを B に尋ねており、B は、A がそのパーティーにジョンやメアリーたちがいたことを知らないので、それを新情報として A に述べているためです。

　読者の方々は、(21)（以下に再録）では、there が場所の副詞ではなく、形式上の主語であるという説明をしたとき、このような代名詞は定名詞句であるから、there 構文で用いられると不適格になるはずだが、と不審に思われたかも知れません。

(21) There's you/me.

しかし、以上の考察から予測されるように、このような文も、文脈上、代名詞が新情報を表わせば適格となります。実際、次の文は適格な there 構文です。

(38) Speaker A: I guess nobody will pick a fight with that guy anymore.
「誰ももうあんな（すごい）ヤツにけんかを挑んだりはしないよ。」
Speaker B: Oh, come on! *There's still you*. You can take him on.
「何言ってるんだよ。まだ君がいるじゃないか。君がヤツに挑むんだ。」

(38) では、あんな（すごい）ヤツにけんかを挑む者はもういないと思っている聞き手（＝話し手 A）に、話し手 B は、「まだ君がいる」と言っているため、There's still you の you は、聞き手に

とって新情報です。そのため、(38B) は適格です。

実際、there 構文で意味上の主語が代名詞である文は頻繁に用いられ、次のような実例も多くあります。

(39) Bud: When it comes to the safety of these people, *there's me* and then there's God, understand?［映画 "The Abyss" より］
「この人たちの安全はどうかということなら、私がいるよ。そして、神もいるし。分かった？」

(40) Not too many white people live around here. *There's me*, and then there's the old man who lives above the convenience store.
「あまり多くの白人はこの辺りに住んでいません。私でしょ、それからあのコンビニの上に住んでいる老人です。」

(41) I won't feel lonely anymore, because I know *there's still you*.
「もう淋しくなんかないよ。なぜって、君がまだいてくれるのが分かっているから。」

(39) で、Bud は、話題になっている人々の安全を守るのに誰がいるかを聞き手に話しています。そのため、Bud 自身（と神）がいるというのは、聞き手にとって新情報です。また (40) でも、この文の話し手は、聞き手にこの辺りに住んでいる白人に誰がいるかを話しています。そのため、その白人の中に話し手自身がいるというのは、聞き手にとって新情報です。さらに (41) でも、話し手は聞き手に、「あなたがいるから淋しくない」と言っているので、because I know there's still X の X の位置に you が現われることを聞き手は文脈から予測できません。そのため、you は、

聞き手にとって新情報を表わします。よって、(39)-(41) は適格となります。

◇ the がつく意味上の主語

意味上の主語に the がつく場合として、さらに次のような例があります。

(42) a. There are several animals commonly depicted in heraldry; for instance, there is *the lion*.
「紋章によく描かれている動物がいくつかいます。例えば、ライオンが（描かれて）います。」

b. There was *the tallest student in my class* at the party last night.
「昨夜のパーティーに私のクラスで一番背の高い学生が来ていました。」

c. In this book, there is *the claim* that all nuclear weapons should be abolished.
「この本には、すべての核兵器が廃絶されるべきだという主張が書いてあります。」

まず、(42a) の the lion はどのような意味でしょうか。これは、聞き手がすでに了解している1頭の特定のライオン、つまり、「そのライオン」という意味ではありません。さまざまな動物の中で、「ライオン」が限定され、ライオン一般を表わす総称的用法です（第2章の (18a) を参照）。総称名詞は、the sun, the moon, my wife などの定名詞句と同じく、聞き手がその指示対象を決定できるという点で、照応的です。ここで重要なことは、(42a) の話し手は、紋章に描かれている動物の中にライオンがいること

を聞き手に新情報として述べています。

次に (42b) では、「話し手のクラスで最も背の高い学生」という点で、ひとりの学生が特定化され、限定されているので、最上級の定名詞句表現になっています。そのため聞き手は、その学生が誰であるかを知らないとしても、「クラスで最も背の高い学生」として決定できるので、the tallest student in my class は照応的です。ただ、聞き手は、この名詞句が、There was X at the party last night の X の位置に現われることを文脈から予測できないので、それは、新情報を表わします。

さらに、(42c) の the claim（主張）は、that 以下の節、「すべての核兵器が廃絶されるべきだ」という主張です。つまり、that 節の内容が、claim を唯一的に限定しているので、the が用いられています。そのため、the claim の指示対象が（先行文脈ではなく、後続文脈の）that 節の内容であると決定できるので、the claim は照応的名詞句です。しかし、聞き手はこの名詞句が、In this book, there is X の X の位置に現われることを文脈から予測できないので、この名詞句は新情報を表わします。よって、(42a-c) の各文は、意味上の主語に the がついているものの、これらはいずれも新情報を伝達しているので、適格となります。

(42c) と共通する例に、すでに見た (40)（以下に再録）の関係節があります。

(40) Not too many white people live around here. There's me, and then there's *the old man who lives above the convenience store*.
「あまり多くの白人はこの辺りに住んでいません。私でしょ、それからあのコンビニの上に住んでいる老人です。」

この例の the old man who lives above the convenience store では、who 以下が old man を唯一的に限定しているので、the が用いられています。そのため、the old man の指示対象が、後続文脈の関係節の内容から決定できるので、the old man は照応的名詞句です。しかし、聞き手は、この辺りに住んでいる白人の中にその老人がいるということを知らないので、there's X の X の位置にこの名詞句が現われることを文脈から予測できません。そのため、the old man who lives above the convenience store は、聞き手にとって新情報です。よって、この there 構文も適格です。

最後に there 構文の主語の位置によく見かける、形の上では定名詞句で、意味的には不定名詞句の非照応的な this X 表現の例をあげておきましょう。

(43) There was *this old guy* called Jackie Syme in this factory I used to work in. He had one leg that was shorter than the other by about four inches. It made him walk with a pronounced side-to-side swaying .... （実例）
「以前わたしが働いていた工場に、ジャッキー・サイムという名前の年配の男がいた。そいつの脚は、片方がもう一方よりおよそ４インチ短かった。それで、歩くと、身体が目に見えて右左に揺れた...」

(44) There was *this guy* who I was in love with a while back, who I was utterly devoted to, but he didn't feel the same way....
「大分まえに、わたしが恋こがれ、献身的につくした男がいました。でも彼は、そんな気持ちはもっていませんでした...」

上に示したように、この "There was this X" と言う文型は、小話(こばなし)の冒頭によく現われ、this X の指示対象が、これからする話の主人公であることを、聞き手に伝えるという点で、通常の "There was an X" 文型とは異なった機能をもっています。(43), (44) の this old guy, this guy は物語に初めて登場するわけですから、定名詞句でも、非照応的で、新情報を表わしていることは明らかです。

　以上から、there が形式上の主語として機能する場合、その意味上の主語の位置にどのような名詞句が現われるかは、定名詞句か不定名詞句かに依存しているのではなく、旧情報か新情報かに依存していることが分かりました。

名詞のまとめ

名詞の種類	説　　明	具体例
可算名詞 （3, 6, 8章）	数えられる名詞で、冠詞の a(n) を伴い、複数形になる。	*an apple, books, a cup, desks*, etc.
不可算名詞 （1章）	数えられない名詞で、冠詞の a(n) を伴わず、複数形にもならない。	*money, smoke, air, evidence*, etc.
抽象名詞 （1章）	love, happiness など、具体的な形のない、抽象的なことを表わす名詞。明確な形をもたず、連続体を表わす場合は、冠詞の a(n) を伴わず、個々の具体的な事例を表わす場合は、a(n) を伴う。	a. I will make *a speech* this afternoon. b. *Speech* is silver, silence is golden. c. *Necessity* is the mother of *invention*.
物質名詞 （1章）	air, smoke, water など、一定の形がない物質を表わす名詞で、冠詞の a(n) を伴わない。	a. I save *money* every month. b. a glass of *water*
集合名詞 （1, 7章）	furniture, team, class など、人や物の集合体を表わす名詞。furniture の場合は、「机、いす」などを合わせた総称であり、連続体なので a(n) がつかないが、team, family, class などは、1つのまとまった明確な形をもつ単一体なので、a(n) を伴い、複数形になる。集合名詞は、文法的には単数、意味的には複数の名詞として機能する。	a. I bought nice *furniture*. b. There are about 50 *families* in this village. c. John and Mary are *a couple*. d. My *class* is gathering in the park.

固有名詞 （8，10章）	人名や地名など、特定のものを指す名詞	*Mary, Mt. Fuji, Boston*, etc.
定名詞句 （8，10章）	the 〜, your 〜, his 〜などの名詞句や固有名詞	*the book, our best friends, John, Mt. Fuji*, etc.
不定名詞句 （8，10章）	a 〜, some 〜などの名詞句や冠詞のつかない複数形名詞句	*a beaver, hamsters, some apples*, etc.
総称名詞 （1，6，8，10章）	たとえば「ライオンは危険な動物である」というような場合の「ライオン」で、ある名詞の指し示す指示対象がどれであるか特定されているのではなく、その種類全体、一般を指す名詞	a. *The lion* is a dangerous animal. b. *A beaver* builds dams. c. *Beavers* build dams. d. This loan program is for *first-time buyers*.
特定名詞 （8章）	「昨日ペットショップで見たハムスター」の「ハムスター」のように、ある名詞の指し示す指示対象が特定されている名詞	a. I saw *a hamster* at the pet shop today. b. I was looking for *a doctor*, but he was nowhere to be found. c. The President of the United States is *George W. Bush*.
不特定名詞 （8章）	「誕生日にハムスターを買ってくれる？」の「ハムスター」のように、ハムスターならどれでもよく、指し示す指示対象が特定されていない名詞	a. Daddy, can you get me *a hamster* for my birthday? b. I was looking for *a doctor*, and one was found in the neighboring town. c. We are looking for *experienced language teachers*.

属性名詞 (8章)	「私は<u>医者</u>です」の「医者」のように、X Be (Become) Y パターンで、X がどのような属性をもっているかを表わす名詞（つまり Y に相当する名詞）。属性を表わす名詞句は、たとえそれが人間を表わす名詞句であっても、「人間」ではなく、「無生物」扱い。	a. I am *a doctor*. b. George W. Bush is *the President of the United States*. c. *What* are you?
照応的名詞（句） (10章)	名詞や名詞句の指す指示対象がどれであるか決定できるもの（すでに話題にのぼっていたり、話し手や聞き手の間で指示対象が了解されている名詞（句））	a. Hi Mary, I saw *your brother* at Harvard Square a minute ago. b. Open *the windows*! c. A: I'm hungry. Is there anything to eat? B: Well, there's *the leftover apple pie from last night*.
非照応的名詞（句） (10章)	名詞や名詞句の指す指示対象がどれであるか決定できないもの。	a. I saw *an old man* in the backyard of your house. b. A: I'm hungry. Is there anything to eat? B: Well, there's *an apple pie*.
新情報（を表わす）名詞句 (10章)	聞き手にとって文脈から予測できない情報を表わす名詞句	a. I saw *an old man* in the backyard of your house. b. A: I'm hungry. Is there anything to

		eat?
		B: Well, there's *the leftover apple pie from last night*.
旧情報（を表わす）名詞句 （10章）	聞き手にとって文脈から予測できる情報を表わす名詞句	a. *He* is a nice guy. b. A: Where is my watch? B: Oh, here *it* is.

付記・参考文献

【第1章】
◎ 不定冠詞がつく名詞と無冠詞の名詞の区別に関しては、次の文献に負うところが多い。

☆ 石田秀雄（2002）『わかりやすい英語冠詞講義』大修館書店。
☆ Langacker, Ronald (1991) *Foundations of Cognitive Grammar*, Vol. 2. Stanford University Press.
☆ 織田稔（2002）『英語冠詞の世界』研究社。
☆ Takatsuki, Sadao (1996) "Teaching the English Article System to University Students,"『愛媛大学教育学部紀要 第 II 部 人文・社会科学』第 28 巻第 2 号、83-94.

【第2章】
◎ 定冠詞の意味については、次のような文献も参照されたい。

☆ 石田秀雄（2002）『わかりやすい英語冠詞講義』大修館書店。
☆ 織田稔（2002）『英語冠詞の世界』研究社。
☆ Perlmutter, David (1970) "On the Article in English," in M. Bierwisch and K. E. Heidolph (eds.) *Progress in Linguistics*, 233-248. Mouton.
☆ Quirk, Randolph, Sidney Greenberg, Geoffrey Leech and Jan Svartvik (1985) *A Comprehensive Grammar of the English Language*. Longman. ［pp. 265-297 が参考になる］

【第4章】

◎ 第4章では、次の辞書を参考にした。

☆ 『新英和大辞典』研究社。（第6版1刷　2002）
☆ 『小学館プログレッシブ英和中辞典』小学館。（第4版 第1刷 2003）
☆ 『小学館プログレッシブ英和中辞典』小学館。（第2版 第11刷 1990）
☆ 『ジーニアス 英和辞典　第3版』大修館書店。（第4刷 2004）

【第5章】
◎ 本節で考察した次の文は、Goldsmith and Woisetschlaeger (1980) による。

Every/Any member of this department can speak two or more foreign languages.

上の文で every が用いられれば、統計的事実を記述する文であり、any が用いられれば、何らかの原理、規則に由来する事実を記述する文である、という考察も Goldsmith と Woisetschlaeger の考察である。

☆ Goldsmith, John and Erich Woisetschlaeger (1980) "The Semantics of Positive *Any*," *Studies in English Linguistics* 8, 1-18.

【第7章】
◎ 第7章の後半で論じた、文頭移動を受けた who/whom と文頭移動を受けなかった who/whom の違いに関する考察は、以下の Bechhofer (1976) に負うところが多い。
◎ 「間接疑問縮約」規則は、以下の Ross (1969) によって初めて

仮説されたものである。

◎「間接疑問縮約」と同じ規則が主文の談話省略にも適用する、という観察は、Bechhofer (1976) による。

☆ Bechhofer, Robin (1976) "Reduction in Conjoined WH-Questions," in J. Hankamer and J. Aissen (eds.) *290r*: Harvard Studies in Syntax and Semantics II*, 68-120. Department of Linguistics, Harvard University.

☆ Ross, John Robert (1969) "Guess Who?," in R. T. Binnick, A. Davison, G. M. Green and J. L. Morgan (eds.) *Papers from the Fifth Regional Meeting of the Chicago Linguistic Society*, 252-286. Department of Linguistics, University of Chicago, Chicago, Illinois.

【第9章】

◎ 英語の疑問詞疑問文の答えとして、分裂文パターンが使える文脈についての考察、レストランの文脈以外に「僕はウナギだ」の英語版が使える文脈についての考察については、次の Millican (2004) に負うところが多い。

☆ Millican, Frances (2004) "I am the Walrus: A Study of Japanese 'Da'-Type Constructions in English," 未発表論文。

【第10章】

◎ There 構文の意味上の主語が新情報を伝達するという考察に関しては、次の Ward and Birner (1995) に負うところが多い。

☆ Ward, Gregory and Betty Birner (1995) "Definiteness and the English Existentials," *Language* 71, 722-742.

[著者紹介]

久野　暲（くの・すすむ）
1964年にハーバード大学言語学科Ph.D.を取得し、同学科で40年間教鞭をとる。現在、ハーバード大学名誉教授。主な著作に『日本文法研究』（大修館書店、1973）、『談話の文法』（大修館書店、1978）、『新日本文法研究』（大修館書店、1983）、Functional Syntax (University of Chicago Press, 1987) などがある。

高見　健一（たかみ・けんいち）
1990年に東京都立大学文学博士号を取得し、静岡大学、東京都立大学を経て、現在、学習院大学文学部教授。主な著作に Preposition Stranding (Mouton de Gruyter, 1992)、『機能的構文論による日英語比較』（くろしお出版、1995）、『日英語の機能的構文分析』（鳳書房、2001）などがある。

なお、二人の共著による主な著作に Grammar and Discourse Principles (University of Chicago Press, 1993)、『日英語の自動詞構文』（研究社、2002）、Quantifier Scope（くろしお出版、2002）、Functional Constraints in Grammar (John Benjamins, 2004)、『日本語機能的構文研究』（大修館書店、2006）、『英語の構文とその意味』（開拓社、2007）、『謎解きの英文法－文の意味／否定／単数か複数か／省略と倒置／時の表現／使役／副詞と数量詞－』（くろしお出版、2005／2007／2009／2013／2014／2015）などがある。

謎解きの英文法　冠詞と名詞

発行	2004 年 6 月 1 日　第 1 刷発行 2019 年 3 月28日　第12刷発行
著者	久野　暲・高見　健一
装丁	折原カズヒロ
イラスト	アサモ
印刷所	藤原印刷株式会社
発行所	株式会社　くろしお出版 〒102-0084 東京都千代田区二番町4-3 TEL 03-6261-2867　FAX 03-6261-2879 http://www.9640.jp/　e-mail:kurosio@9640.jp

Ⓒ Susumu Kuno, Ken-ichi Takami 2004 Printed in Japan

ISBN978-4-87424-301-5 C1082

●乱丁・落丁はおとりかえいたします。本書の無断転用・複製を禁じます。